학령기 아동을 위한

단어인지 및 철자 프로그램

받침 없는 단어

–된소리 자음과 모음–

김애화 · 김의정 공저

학지사

2

Word Identification and Spelling Program for School-Age Children

머리말

최근 교육 현장에는 그 어느 때보다 다양한 학습자가 존재하고 있다. 학업 성취에 큰 어려움이 없는 일반 학생을 비롯하여 학습에 어려움을 보이는 학습부진 학생, 학습 속도가 다른 또래 학생들에 비해 느린 현상을 보이는 느린 학습자, 한국어가 모국어가 아니거나 모국어로 습득하는 데 있어 어려움이 있는 다문화 가정 학생, 읽기, 쓰기, 수학 등 학습에 심각한 어려움을 보이는 학습장애 학생 등 다양한 학습적 요구를 보이는 학생들이 있다. 따라서 이러한 다양한 학습자의 학습적 요구를 파악하고 이에 따른 교육적 지원을 하는 것이 필요한 실정이다.

여러 학습 능력 중에서도 읽기 및 쓰기 능력은 모든 교과 학습에 필수적이고 나아가 성공적인 학업 성취를 위해 매우 중요하다고 할 수 있다. 이에 본 프로그램 개발자들은 앞서 언급한 다양한 학습자가 읽기 및 쓰기 능력을 갖추는 데 있어 기초가 되는 단어인지 및 철자에 초점을 둔 프로그램을 개발하였다. 단어인지 및 철자 프로그램의 주요 특징은 다음과 같다. 첫째, 받침이 없는 단어를 읽고 철자하는 것부터 시작하여 겹받침이 있는 단어를 읽고 철자하는 것까지 점진적으로 습득할 수 있도록 체계적으로 개발되었다. 둘째, 한 번 학습한 것에 그치는 것이 아니라 학습한 내용을 누적 연습할 수 있도록 연습 워크북(5권)을 추가로 제공하였다. 셋째, 국내외 선행연구를 통해 단어인지 및 철자 능력 향상에 효과적임이 검증된 증거기반 교수법(evidence-based instructional methods)을 적용하여 개발되었다.

따라서 본 프로그램을 방과 후 등 학교 내에서와, 학습종합클리닉센터, 개별 인지학습치료센터 등 학교 밖에서 단어인지 및 철자 능력 향상이 요구되는 초등학생을 포함한 학령기 학생을 지원하는 데 사용하기를 권장한다. 또한 필요에 따라 가정에서 자녀의 단어인지 및 철자 능력을 지도하기 위해 사용할 것을 권장한다. 본 프로그램 개발자들은 이 단어인지 및 철자 프로그램이 다양한 학습자의 요구에 적합한 학습 기회를 제공할 뿐만 아니라 이들의 단어인지 및 쓰기 능력 향상을 도모하는 데 중요한 자료로서의 역할을 할 것으로 기대한다.

무엇보다도 이 프로그램의 개발 과정에서 여러모로 도움을 준 단국대학교 일반대학원 특수교육학과 김지은 선생님과 출판 과정에서 도움을 주신 학지사 김진환 사장님, 박나리 선생님에게 감사드린다.

저자 일동

프로그램의 구성 및 활용 방법

1. 프로그램의 구성

이 프로그램은 전체 5권으로 구성되어 있다. 1권부터 4권은 3단계 단어인지 및 철자 지도 프로그램이며, 5권은 1~4권에서 학습한 내용을 누적 연습할 수 있는 추가 연습 워크북이다.

- '1단계' 받침 없는 단어인지 및 철자 프로그램(1권과 2권): 1권은 '기본 자음과 기본 모음으로 구성된 단어'를 정확하게 읽고 쓰는 것을 목표로 하는 20차시로 구성되어 있고, 2권은 '된소리 자음과 모음으로 구성된 단어'를 정확하게 읽고 쓰는 것을 목표로 하는 19차시로 구성되어 있다.
- '2단계' 홑받침 단어인지 및 철자 프로그램(3권): '대표음으로 발음되는 홑받침 단어'를 정확하게 읽고 쓰는 것을 목표로 하는 6차시와 '음운 변동이 적용되는 홑받침 단어'를 정확하게 읽고 쓰는 것을 목표로 하는 4차시로 구성되어 있다.
- '3단계' 겹받침 단어인지 및 철자 프로그램(4권): '대표음으로 발음되는 겹받침 단어'를 정확하게 읽고 쓰는 것을 목표로 하는 3차시와 '음운 변동이 적용되는 겹받침 단어'를 정확하게 읽고 쓰는 것을 목표로 하는 5차시로 구성되어 있다.
- 연습 워크북(5권): 1~4권에서 학습한 내용을 누적 연습할 수 있도록 각 단계별 누적 연습 문항을 제공한다.

2. 프로그램의 활용 방법

1~4권의 단어인지 및 철자 지도 프로그램은 각 차시별로 학습목표, 사전평가, 수업, 사후평가로 구성되어 있으며, 다음과 같이 활용할 수 있다.

- 학습목표 교수자는 학생과 함께 학습목표를 확인한다.
- 사전평가 교수자가 '정답지'에 제공된 사전평가 문항을 읽어 주고, 학생이 각 문항을 받아쓰도록 함으로써 학생의 현재 수행 수준을 파악한다.
- 수업 프로그램에서 제시된 순서에 따라 수업을 진행한다. 수업 진행에 필요한 낱자 카드 및 단어 카드는 〈별책부록〉에 제시되어 있으며, 가림판 및 용수철 등의 교수 · 학습 자료는 프로그램에 동봉된 것을 활용한다.
- 사후평가 수업 후 교수자가 '정답지'에 제공된 사후평가 문항을 읽어 주고, 학생이 각 문항을 받아쓰도록 함으로써 학습목표의 달성 여부를 파악한다. 사후평가 결과, 학생이 해당 차시 학습목표를 달성하지 못한 경우, 해당 차시 수업을 반복할 수 있다.

5권 연습 워크북은 각 단계에서 배운 단어들을 반복 · 누적 연습할 수 있도록 구성하였다. 교수자는 매 회기마다 약 10분간 연습 워크북을 활용하여 이미 배웠던 단어들을 반복 · 누적 연습할 수 있는 기회를 제공하는 것이 좋다.

1~4권에 적용된 교수 및 학습 전략에 대한 이론적 설명은 각 단계별 프로그램의 첫머리에 '일러두기'로 제시되어 있다.

차례

일러두기

이 프로그램은 다음과 같은 교수법 및 원리를 적용하여 개발되었다.

합성 파닉스 교수법

합성 파닉스 교수법은 단어를 구성하는 각각의 낱자를 소리로 바꾼 후, 이 소리들을 합쳐서 단어를 읽도록 가르치는 단어인지 교수법이다. 이를 위해 교사는 학생에게 단어를 구성하는 각각의 낱자에 대응하는 소리를 가르친 다음, 이 소리들을 합쳐서 단어를 읽도록 지도한다.

음운처리 중심 철자 교수법

음운처리 중심 철자 교수법은 낱자-소리 대응관계를 가르치고, 소리에 대응하는 낱자를 올바르게 표기함으로써 단어를 철자하도록 가르치는 교수법이다. 음운처리 중심 철자 교수법은 위에서 언급한 합성 파닉스 교수법에 근거한 철자 교수법이라고 할 수 있다.

합성 파닉스 및 음운처리 중심 철자 교수법에서의 교수 내용 제시 순서

일반적으로 합성 파닉스 및 음운처리 중심 철자 교수법을 적용할 때는 받침이 없는 글자 먼저 가르친 후, 받침이 있는 글자를 가르친다. 받침이 없는 글자를 가르칠 때는 자주 사용하는 낱자-소리 대응 관계(예, 기본 자음, 기본 모음)를 먼저 가르치고, 그다음에 이중 모음과 된소리 자음 순으로 가르친다.

집중 연습 및 누적 연습

각 차시에 가르친 단어 읽기 및 철자의 집중적인 반복 연습뿐 아니라, 이전 차시들에서 이미 학습한 단어의 누적 연습을 실시하는 것이 필요하다.

가리고 – 기억하여 쓰고 – 비교하기

가리고, 기억하여 쓰고, 비교하기(cover, copy, compare)는 자기 교정법에 속하는 활동이다. 학생에게 단어를 보여 준 다음, 단어를 가리고(cover), 약간의 시간(예, 약 3초)을 주어 학생이 단어를 기억하여 쓰도록 하고(copy), 그다음 다시 단어를 보여 주어 해당 단어와 자신의 답을 비교하여 답을 확인하게 한다(compare).

단어 분류하기

단어 분류하기는 단어를 구체적인 기준에 따라 구분하는 활동을 의미한다. 예를 들어, 같은 초성으로 시작되는 단어들끼리 구분하도록 할 수 있다.

된소리 자음과 모음

된소리 자음(ㄲ, ㄸ, ㅃ, ㅆ, ㅉ) 그리고(또는)
모음(ㅐ, ㅔ, ㅚ, ㅟ, ㅑ, ㅒ, ㅕ, ㅖ, ㅘ, ㅙ, ㅛ, ㅝ, ㅞ, ㅠ, ㅢ)으로
구성된 단어

1차시 모음 ㅐ: 대추, 배추

학습목표

모음 ㅐ가 포함된 단어를 정확하게 읽고 쓸 수 있다.

사전평가

"선생님이 불러 주는 단어를 받아 적는 문제입니다. 잘 듣고, 답안지에 단어를 받아 적어 보세요."

(정답지 p. 298에 평가 문항 제시)

번호	단어
1	
2	
3	
4	
5	
6	
7	
8	

수업

제목을 살펴봅시다. 제목에서 모음 'ㅐ'에 ○를 쳐 봅시다.

대 추 , 배 추

낱자의 소리를 알아봅시다.

ㅐ의 소리를 알아봅시다.

1. ㅐ 이것은 '애'입니다. ㅐ는 무슨 소리가 나나요? '애' 소리([ㅐ])가 납니다.

2. 그림을 보면서 ㅐ 소리를 연습해 봅시다.

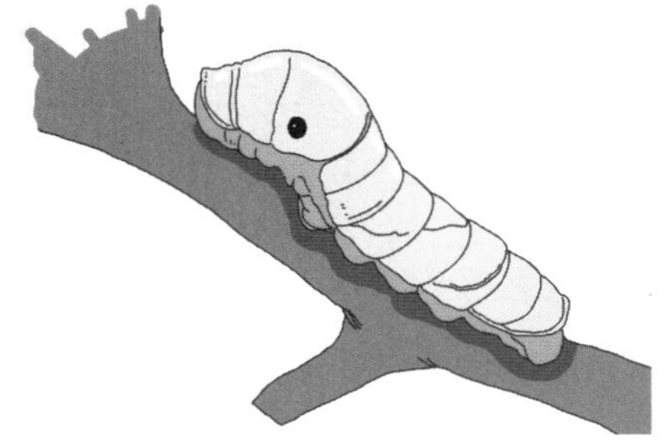

[ㅐ] 애벌레

3. 낱자의 소리를 말하면서 표시된 순서에 따라 써 봅시다.

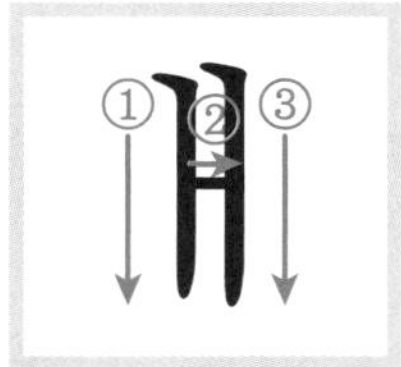

글자를 만들어 봅시다.

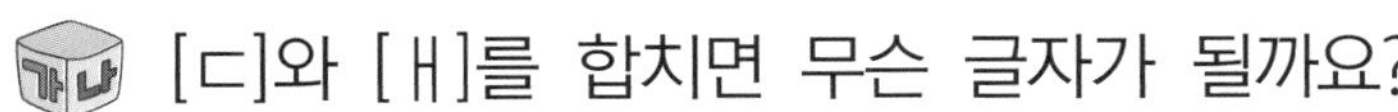

[ㄷ]와 [ㅐ]를 합치면 무슨 글자가 될까요?

1. 용수철을 사용하여 소리를 합쳐 봅시다.

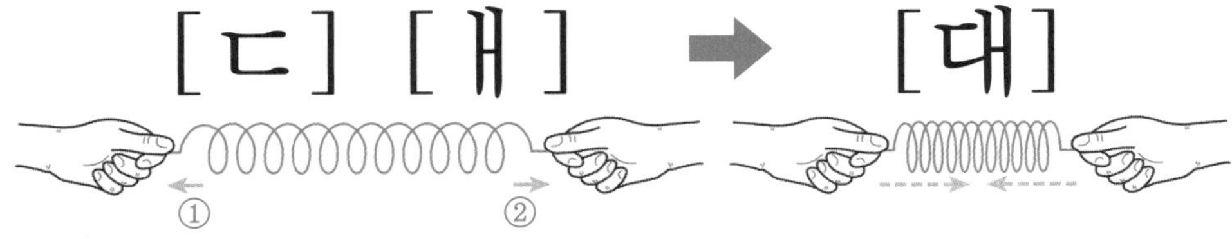

2. 다음 그림처럼 낱자 카드(✂ 〈부록 1쪽〉)를 사용하여 소리를 합쳐 봅시다.

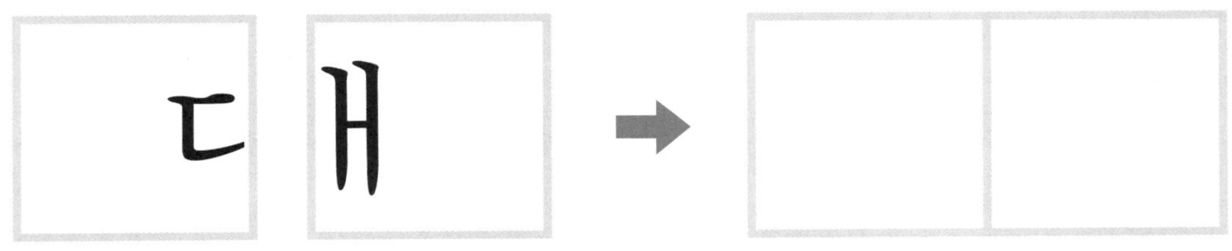

[ㅂ]와 [ㅐ]를 합치면 무슨 글자가 될까요?

1. 용수철을 사용하여 소리를 합쳐 봅시다.

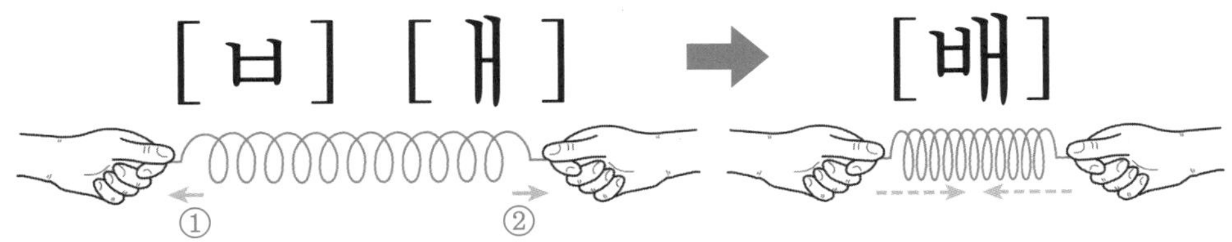

2. 다음 그림처럼 낱자 카드(✂ 〈부록 1쪽〉)를 사용하여 소리를 합쳐 봅시다.

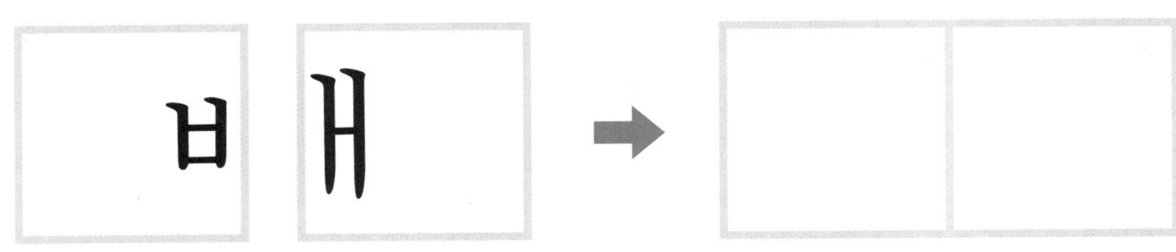

글자를 만들어 봅시다.

[ㅊ]와 [ㅐ]를 합치면 무슨 글자가 될까요?

1. 용수철을 사용하여 소리를 합쳐 봅시다.

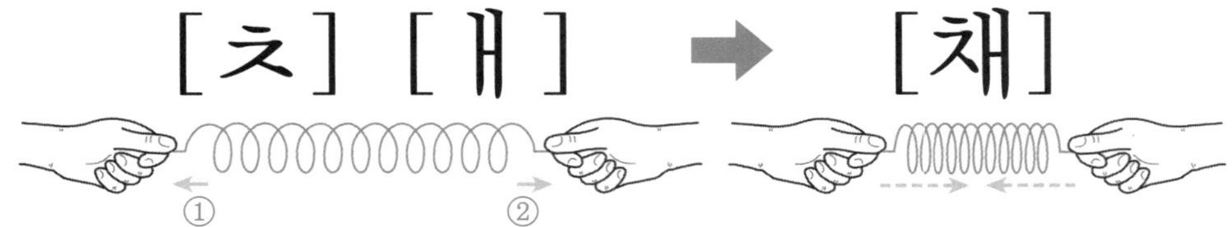

2. 다음 그림처럼 낱자 카드(✂ 〈부록 1쪽〉)를 사용하여 소리를 합쳐 봅시다.

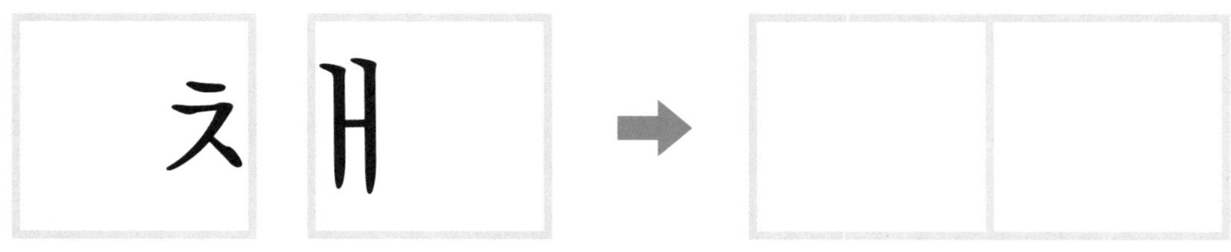

네모 칸에 있는 낱자를 각각 발음해 봅시다. 그다음, 낱자를 합쳐서 글자를 만들어 읽고 써 봅시다.

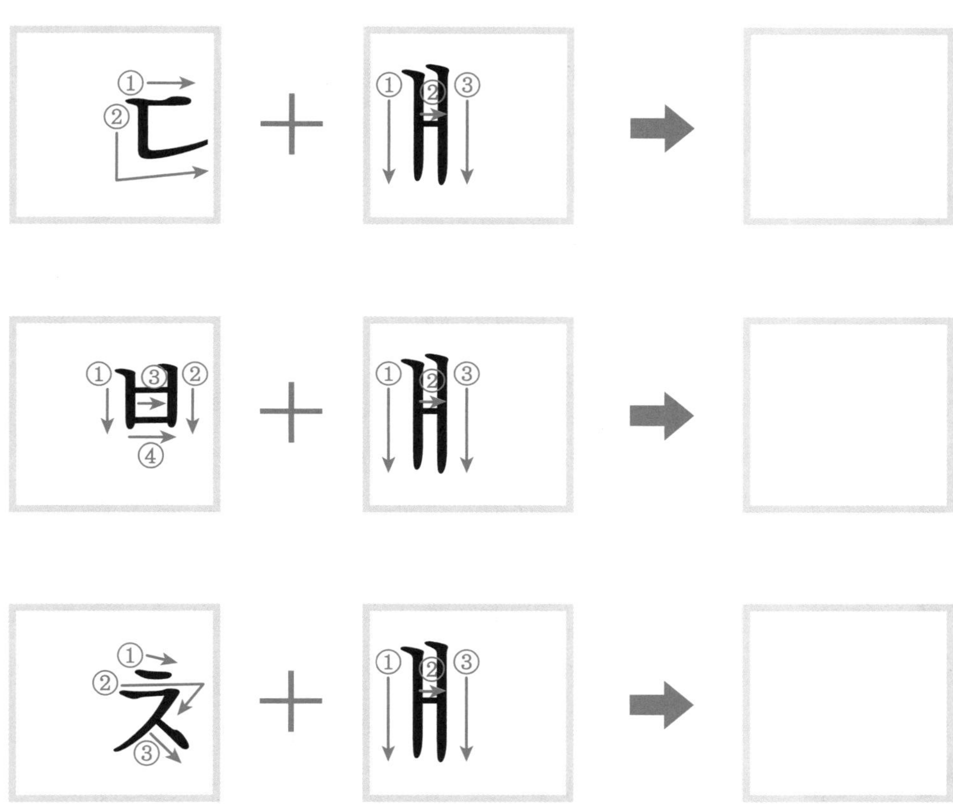

다음의 글자를 각각 발음해 봅시다. 그다음, 글자를 합쳐서 단어를 만들어 쓰고 읽어 봅시다.

- 대 + 추 →
- 대 + 포 →
- 대 + 파 →
- 대 + 로 →
- 초 + 대 →
- 대 + 나 + 무 →
- 대 + 도 + 시 →

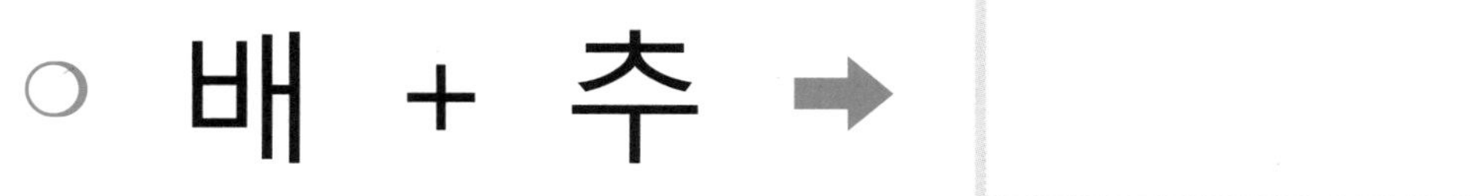

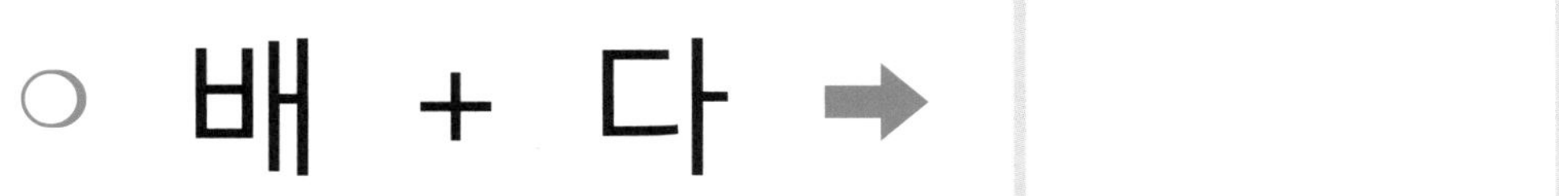

○ 배 + 우 + 다 →

○ 배 + 나 + 무 →

○ 채 + 소 →

○ 부 + 채 →

○ 파 + 리 + 채 →

〈보기〉의 단어를 소리 내어 읽어 봅시다. 그다음, 각 문장에 알맞은 단어를 〈보기〉에서 찾아 써 봅시다.

● 보기 ●

대나무, 배다, 배우, 채소, 파리채, 초대, 부채

1. 친구들을 내 생일 파티에 [ ][ ] 했다.
2. [ ][ ] 를 먹으면 튼튼해진다.
3. [ ][ ][ ] 로 파리를 잡았다.
4. 내 꿈은 [ ][ ] 가 되는 것이다.
5. 음식 냄새가 옷에 [ ][ ] .
6. 더워서 [ ][ ] 를 부쳤다.
7. [ ][ ][ ] 숲을 거닐다.

그림을 보고, 단어를 완성해 보세요.

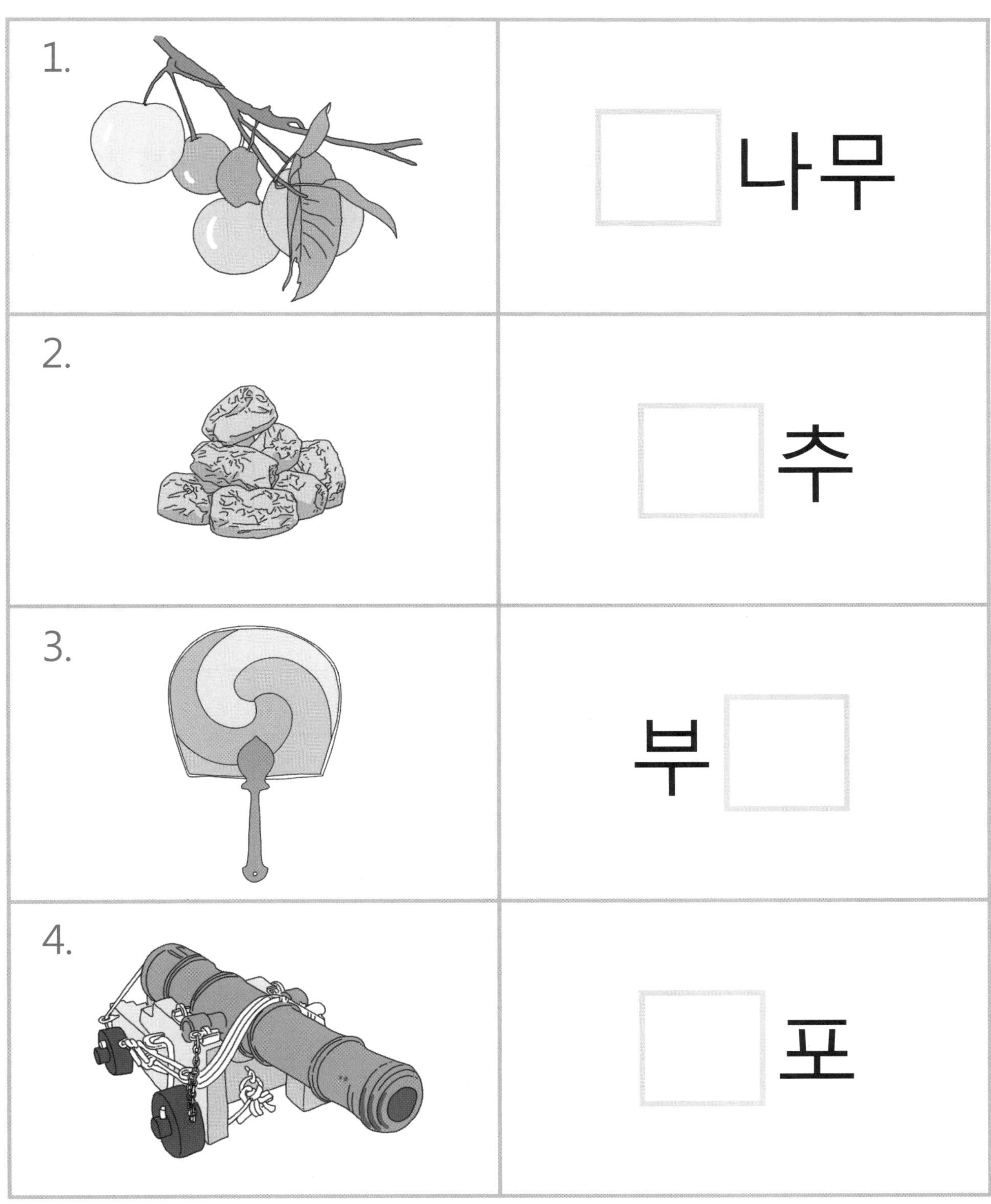

'ㅐ'에 ○를 치면서 각 단어를 읽어 봅시다. 그다음, 각 단어를 가림판으로 가리고 외워서 쓴 후, 맞게 썼는지 확인해 봅시다. 그리고 각 단어를 두 번 더 반복하여 써 봅시다.

'ㅐ'에 ○를 치면서 읽기	기억하여 쓰기	반복 쓰기	반복 쓰기
대추			
대로			
대나무			
파리채			
대포			
배우			
채소			
배다			
대나무			
부채			
배우다			
대파			
대도시			
초대			
대추			

빈칸에 알맞은 단어를 골라 적으세요.

1. 친구들을 내 생일 파티에 ________했다.

① 초데 ② 초대

2. ________를 먹으면 튼튼해진다.

① 채소 ② 체소

3. ________로 파리를 잡았다.

① 파리체 ② 파리채

4. 내 꿈은 ________가 되는 것이다.

① 베우 ② 배우

5. 그는 신이 나서 ________를 활보하고 다녔다.

① 데로 ② 대로

6. 외국인에게 영어를 ________.

① 배우다 ② 베우다

빈칸에 알맞은 낱자를 적어 넣어 봅시다.

1. 옷에 땀이 축축히 [ㅂ] 다.

2. 싱싱한 [ㅊ] 소를 먹어야 건강하다.

3. 한글을 [ㅂ] 우다.

4. 파리 [ㅊ] 로 파리를 잡다.

5. 생일 파티에 친구들을 초 [ㄷ] 하다.

6. 그는 유명한 [ㅂ] 우이다.

7. 찌개에 [ㄷ] 파를 썰어 넣다.

8. 나는 복잡한 [ㄷ] 도시보다 시골이 좋다.

이전 활동에서 완성한 단어들을 같은 낱자로 시작되는 단어끼리 단어 카드(✂ 〈부록 10쪽〉)를 사용하여 붙여 봅시다. 그다음, 같은 낱자로 시작되는 단어끼리 소리 내어 읽어 봅시다.

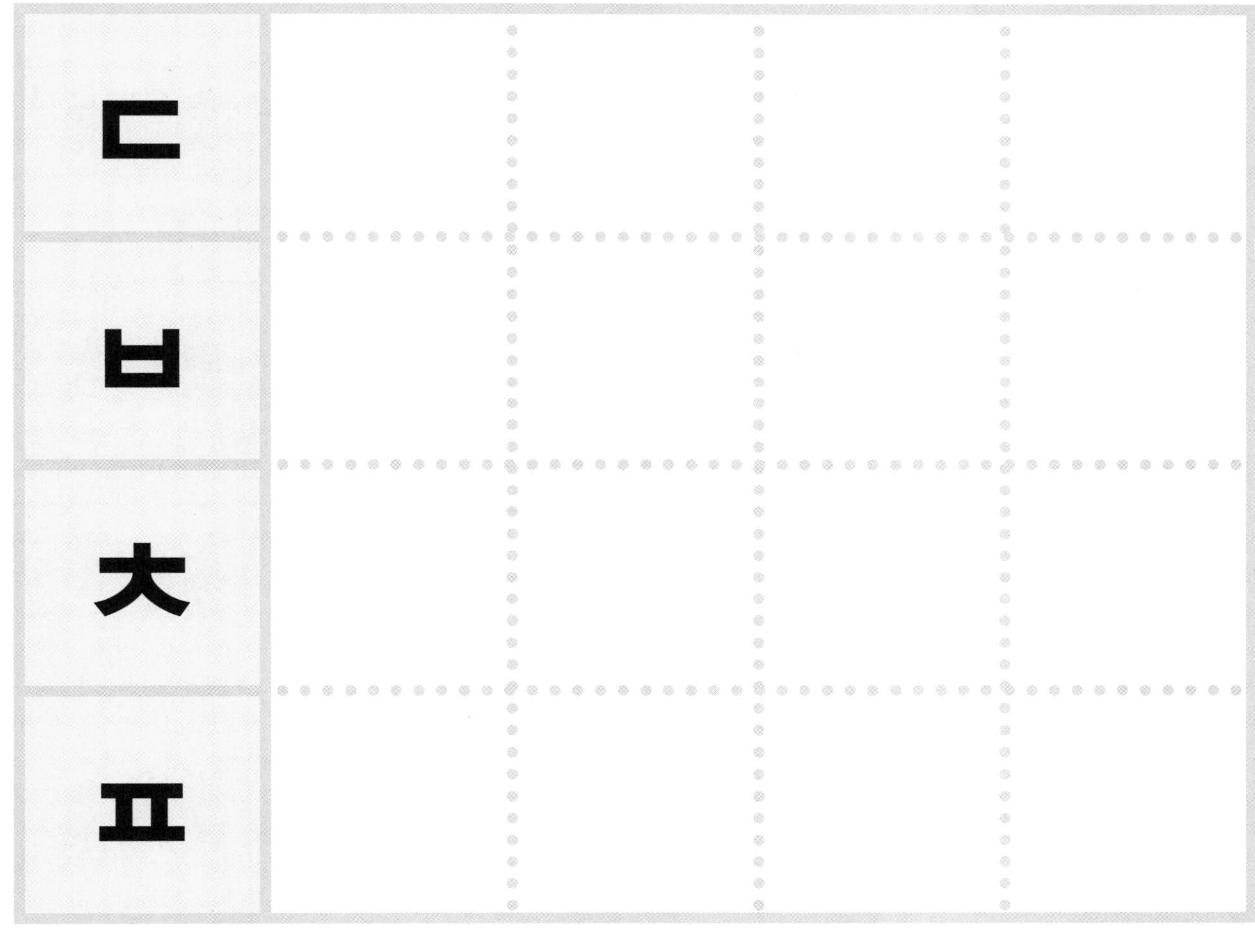

ㄷ				
ㅂ				
ㅊ				
ㅍ				

"선생님이 불러 주는 단어를 받아 적는 문제입니다. 잘 듣고, 답안지에 단어를 받아 적어 보세요."

(정답지 p. 298에 평가 문항 제시)

번호	단어
1	
2	
3	
4	
5	
6	
7	
8	

2차시 된소리 자음 ㅉ, 모음 ㅐ: 찌개

자음 ㅉ, 모음 ㅐ가 포함된 단어를 정확하게 읽고 쓸 수 있다.

"선생님이 불러 주는 단어를 받아 적는 문제입니다. 잘 듣고, 답안지에 단어를 받아 적어 보세요."

(정답지 p. 299에 평가 문항 제시)

번호	단어
1	
2	
3	
4	
5	
6	
7	
8	

수업

제목을 살펴봅시다. 제목에서 자음 'ㅉ'과 모음 'ㅐ'에 ○를 쳐 봅시다.

찌 개

낱자의 소리를 알아봅시다.

ㅉ의 소리를 알아봅시다.

1. ㅉ 이것은 '쌍지읒'입니다. ㅉ은 무슨 소리가 나나요? 'ㅉ' 소리([찌])가 납니다.

2. 그림을 보면서 ㅉ 소리를 연습해 봅시다.

[ㅉ] 짜장면

3. 낱자의 소리를 말하면서 표시된 순서에 따라 써 봅시다.

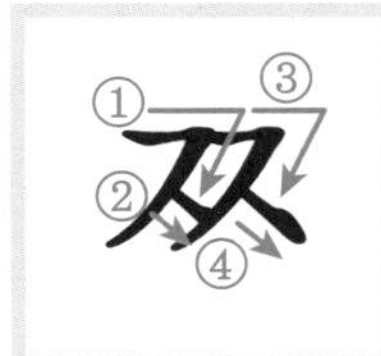

낱자의 소리를 알아봅시다.

ㅐ의 소리를 알아봅시다.

1. ㅐ 이것은 '애'입니다. ㅐ는 무슨 소리가 나나요? '애' 소리([ㅐ])가 납니다.

2. 그림을 보면서 ㅐ 소리를 연습해 봅시다.

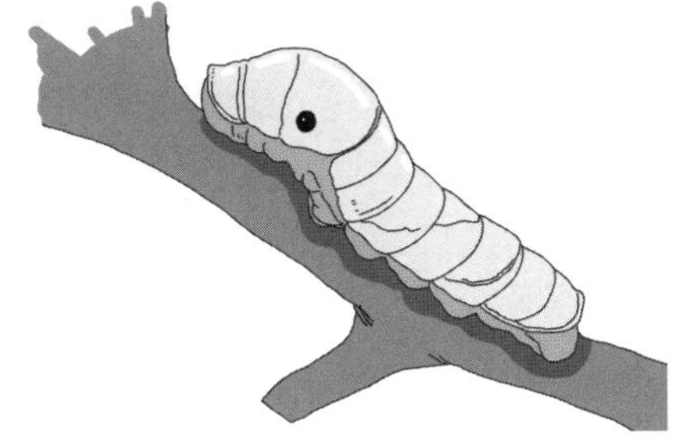

[ㅐ] 애벌레

3. 낱자의 소리를 말하면서 표시된 순서에 따라 써 봅시다.

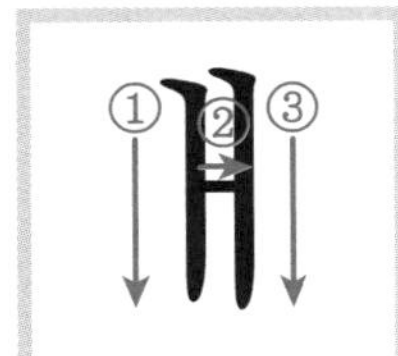

글자를 만들어 봅시다.

 [ㅉ]와 [ㅣ]를 합치면 무슨 글자가 될까요?

1. 용수철을 사용하여 소리를 합쳐 봅시다.

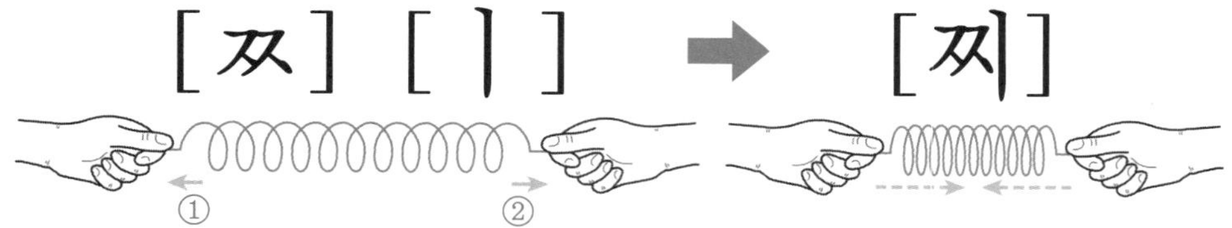

2. 다음 그림처럼 낱자 카드(✂ 〈부록 1쪽〉)를 사용하여 소리를 합쳐 봅시다.

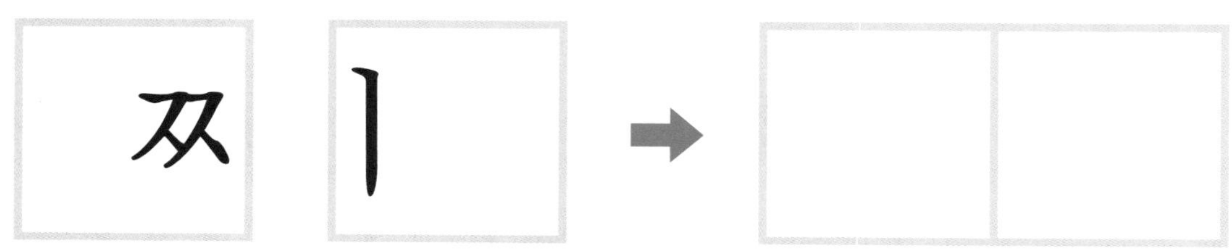

[ㄱ]와 [ㅐ]를 합치면 무슨 글자가 될까요?

1. 용수철을 사용하여 소리를 합쳐 봅시다.

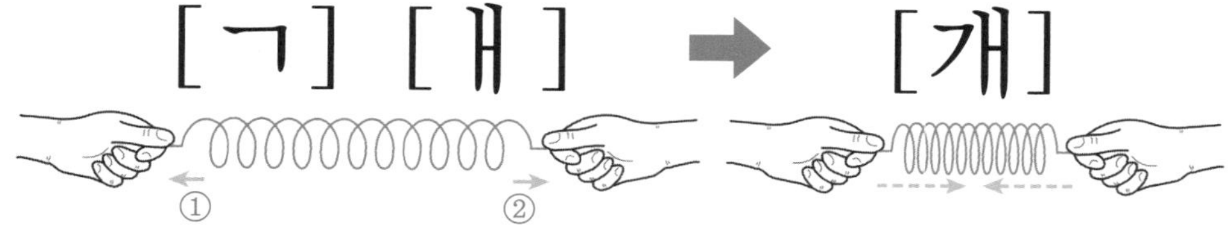

2. 다음 그림처럼 낱자 카드(✂ 〈부록 1쪽〉)를 사용하여 소리를 합쳐 봅시다.

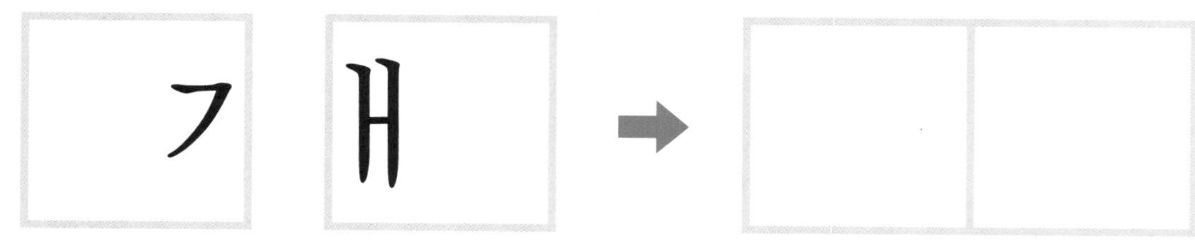

글자를 만들어 봅시다.

[ㅉ]와 [ㅏ]를 합치면 무슨 글자가 될까요?

1. 용수철을 사용하여 소리를 합쳐 봅시다.

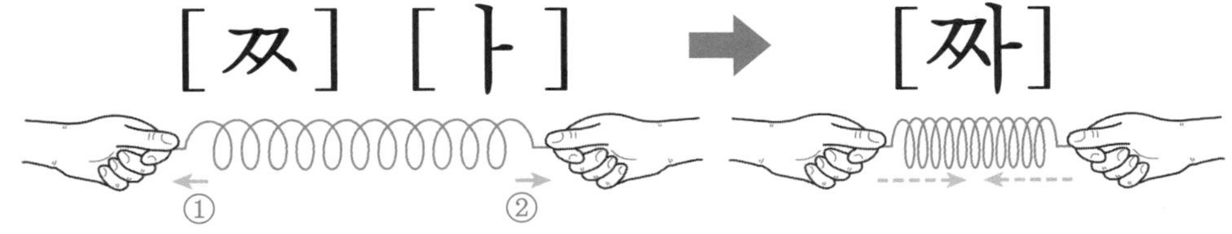

2. 다음 그림처럼 낱자 카드(✂ 〈부록 1쪽〉)를 사용하여 소리를 합쳐 봅시다.

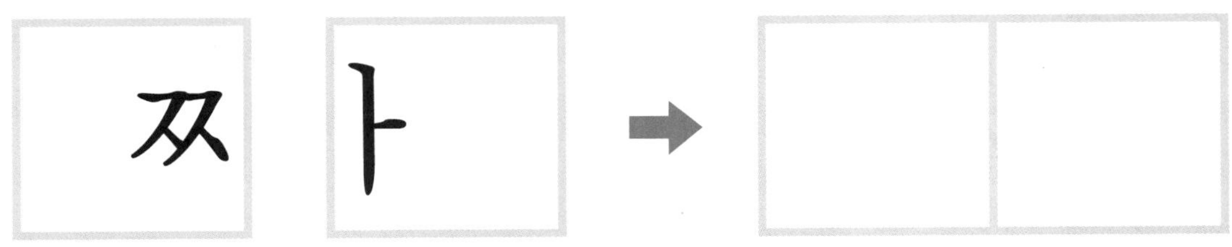

[ㅉ]와 [ㅐ]를 합치면 무슨 글자가 될까요?

1. 용수철을 사용하여 소리를 합쳐 봅시다.

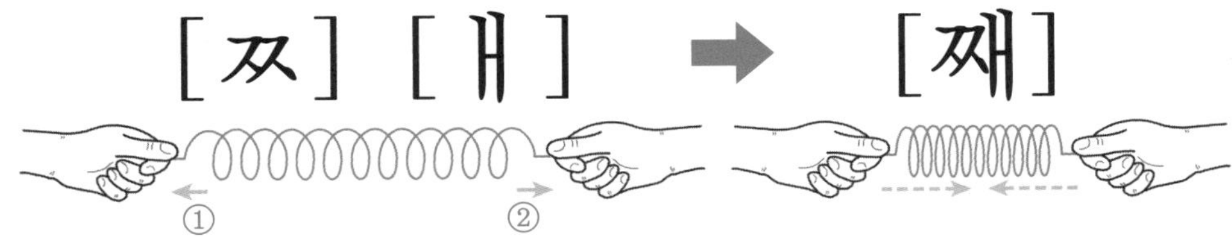

2. 다음 그림처럼 낱자 카드(✂ 〈부록 1쪽〉)를 사용하여 소리를 합쳐 봅시다.

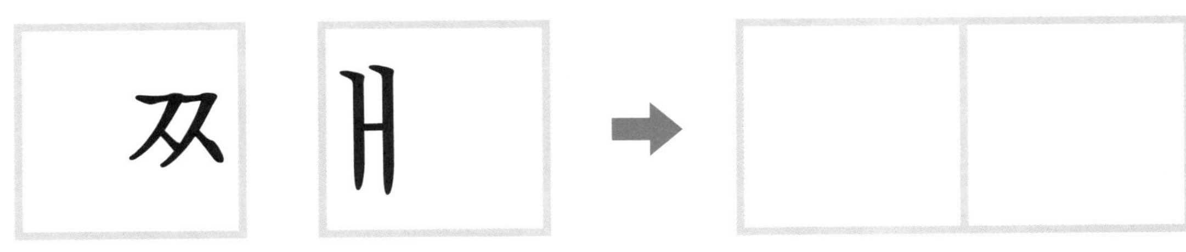

네모 칸에 있는 낱자를 각각 발음해 봅시다. 그다음, 낱자를 합쳐서 글자를 만들어 읽고 써 봅시다.

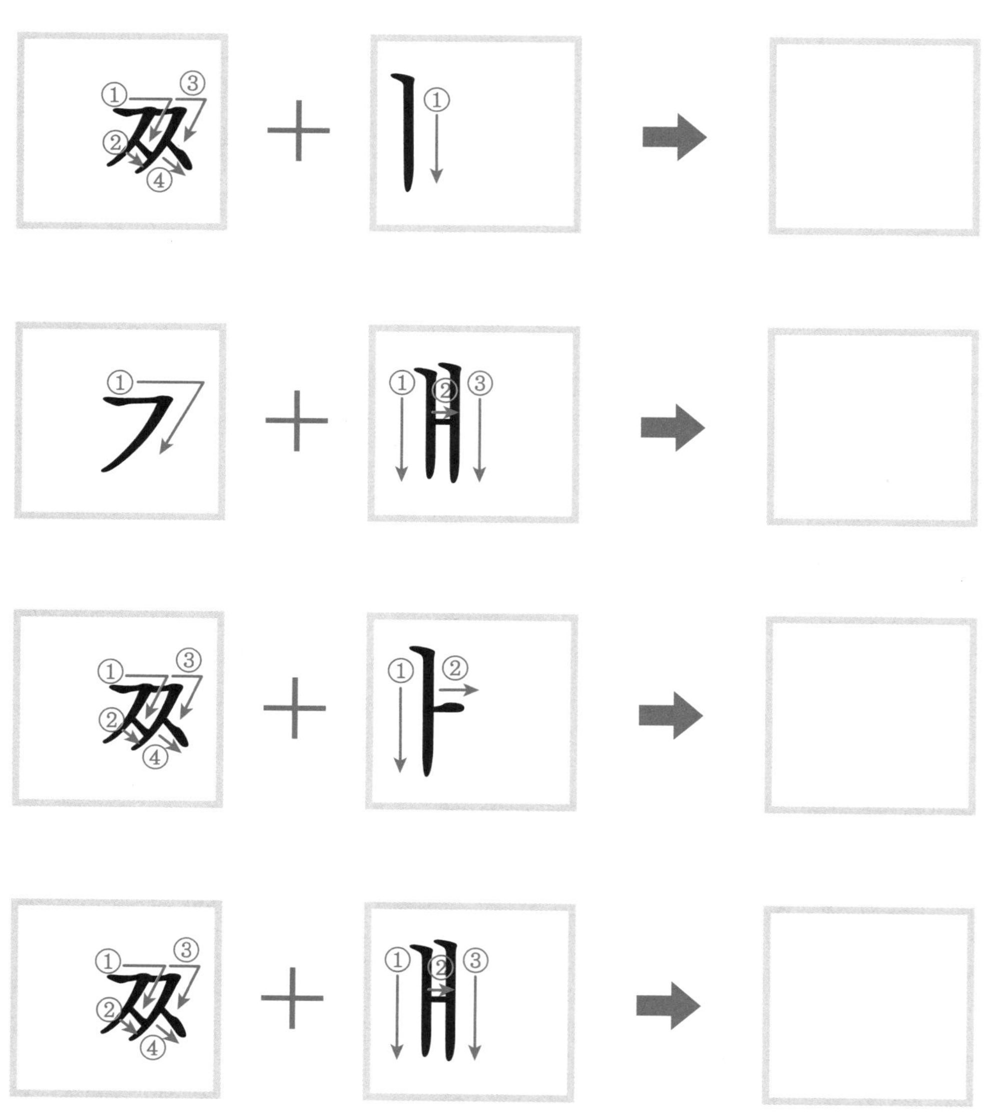

다음의 글자를 각각 발음해 봅시다. 그다음, 글자를 합쳐서 단어를 만들어 쓰고 읽어 봅시다.

○ 찌 + 개 ➡ [ ]

○ 찌 + 다 ➡ [ ]

○ 어 + 찌 ➡ [ ]

○ 조 + 개 ➡ [ ]

○ 지 + 우 + 개 ➡ [ ]

○ 개 + 구 + 리 ➡

○ 어 + 째 + 서 ➡

○ 째 + 지 + 다 ➡

○ 짜 + 다 ➡

○ 가 + 짜 ➡

○ 짜 + 내 + 다 ➡

〈보기〉의 단어를 소리 내어 읽어 봅시다. 그다음, 각 문장에 알맞은 단어를 〈보기〉에서 찾아 써 봅시다.

● 보기 ●

어째서, 가짜, 짜내다, 찌다, 째지다, 어찌

1. 요새 살이 ☐☐.

2. 옷이 ☐☐ 이렇게 더러워졌니?

3. 넘어져서 살이 ☐☐☐.

4. ☐☐ 돈으로 물건을 살 수 없다.

5. 젖소에게서 우유를 ☐☐☐.

6. ☐☐☐ 너희는 만나기만 하면 싸우니?

그림을 보고, 단어를 완성해 보세요.

'ㅉ'과 'ㅐ'에 ○를 치면서 각 단어를 읽어 봅시다. 그다음, 각 단어를 가림판으로 가리고 외워서 쓴 후, 맞게 썼는지 확인해 봅시다. 그리고 각 단어를 두 번 더 반복하여 써 봅시다.

'ㅉ'과 'ㅐ'에 ○를 치면서 읽기	기억하여 쓰기	반복 쓰기	반복 쓰기
찌개			
찌다			
어찌			
짜내다			
조개			
지우개			
가짜			
짜다			
어째서			
째지다			
개구리			

빈칸에 알맞은 단어를 골라 적으세요.

1. 돼지 저금통을 ________.

① 째다 ② 쩨다

2. ________가 개굴개굴 운다.

① 개구리 ② 게구리

3. ________ 너희는 만나기만 하면 싸우니?

① 어쩨서 ② 어째서

4. 넘어져서 살이 ________.

① 쩨찌다 ② 째지다

5. 젖소에게서 우유를 ________.

① 짜네다 ② 짜내다

빈칸에 알맞은 낱자를 적어 넣어 봅시다.

1. 나는 찌 [ㄱ] 를 좋아한다.

2. 넘어져서 살이 [ㅉ] 지다.

3. 너는 어 [ㅐ] 서 자꾸 우니?

4. 바닷가에서 조 [ㄱ] 를 주웠다.

5. 물기를 꼭 [ㅉ] 내다.

6. 아이는 가 [ㅏ] 돈을 가지고 놀았다.

7. 잘못 쓴 글자를 지우 [ㄱ] 로 지웠다.

8. 요새 잘 먹어서 살이 [ㅣ] 다.

이전 활동에서 완성한 단어들을 같은 낱자로 시작되는 단어끼리 단어 카드 (✂ 〈부록 10쪽〉)를 사용하여 붙여 봅시다. 그다음, 같은 낱자로 시작되는 단어끼리 소리 내어 읽어 봅시다.

ㄱ				
ㅇ				
ㅈ				
ㅉ				

"선생님이 불러 주는 단어를 받아 적는 문제입니다. 잘 듣고, 답안지에 단어를 받아 적어 보세요."

(정답지 p. 299에 평가 문항 제시)

번호	단어
1	
2	
3	
4	
5	
6	
7	
8	

3차시 된소리 자음 ㄲ, 모음 ㅐ: 도깨비

자음 ㄲ, 모음 ㅐ가 포함된 단어를 정확하게 읽고 쓸 수 있다.

"선생님이 불러 주는 단어를 받아 적는 문제입니다. 잘 듣고, 답안지에 단어를 받아 적어 보세요."

(정답지 p. 300에 평가 문항 제시)

번호	단어
1	
2	
3	
4	
5	
6	
7	
8	

수업

제목을 살펴봅시다. 제목에서 자음 'ㄲ'과 모음 'ㅐ'에 ○를 쳐 봅시다.

도 깨 비

낱자의 소리를 알아봅시다.

ㄲ의 소리를 알아봅시다.

1. ㄲ 이것은 '쌍기역'입니다. ㄲ은 무슨 소리가 나나요? '끄' 소리([ㄲ])가 납니다.

2. 그림을 보면서 ㄲ 소리를 연습해 봅시다.

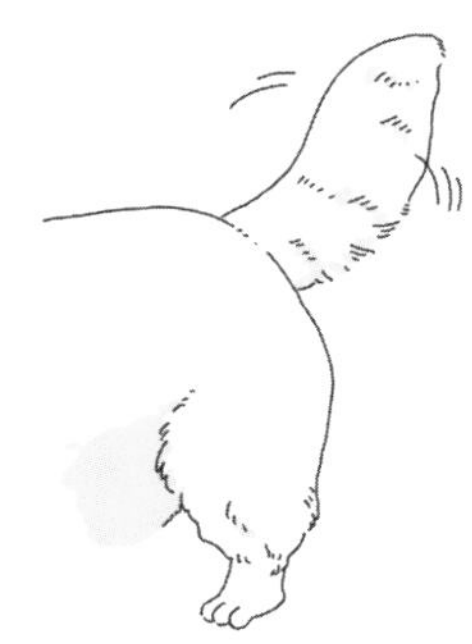

[ㄲ] 꼬리

3. 낱자의 소리를 말하면서 표시된 순서에 따라 써 봅시다.

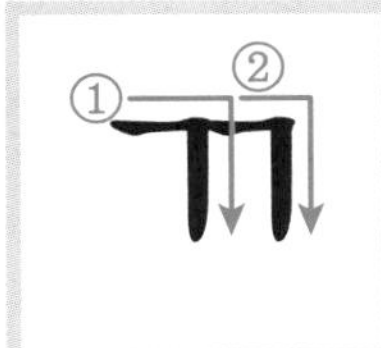

낱자의 소리를 알아봅시다.

 ㅐ의 소리를 알아봅시다.

1. ㅐ 이것은 '애'입니다. ㅐ는 무슨 소리가 나나요? '애' 소리([ㅐ])가 납니다.

2. 그림을 보면서 ㅐ 소리를 연습해 봅시다.

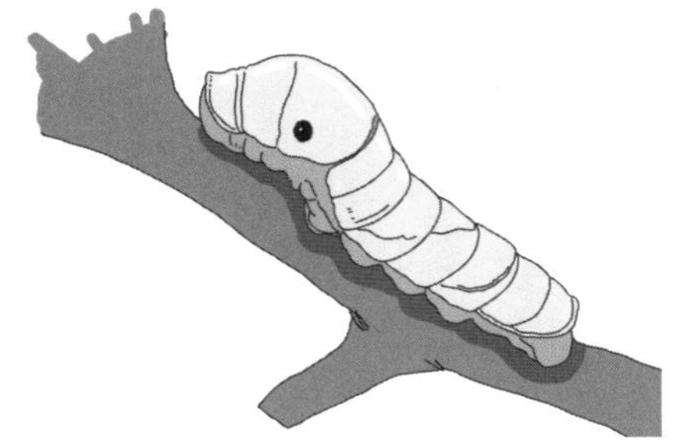

[ㅐ] 애벌레

3. 낱자의 소리를 말하면서 표시된 순서에 따라 써 봅시다.

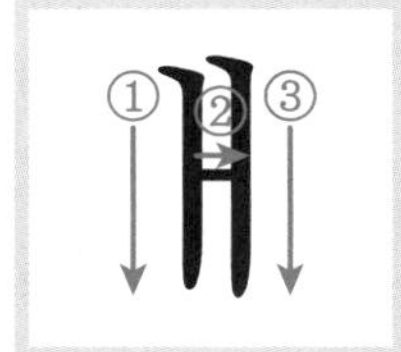

글자를 만들어 봅시다.

[ㄲ]와 [ㅐ]를 합치면 무슨 글자가 될까요?

1. 용수철을 사용하여 소리를 합쳐 봅시다.

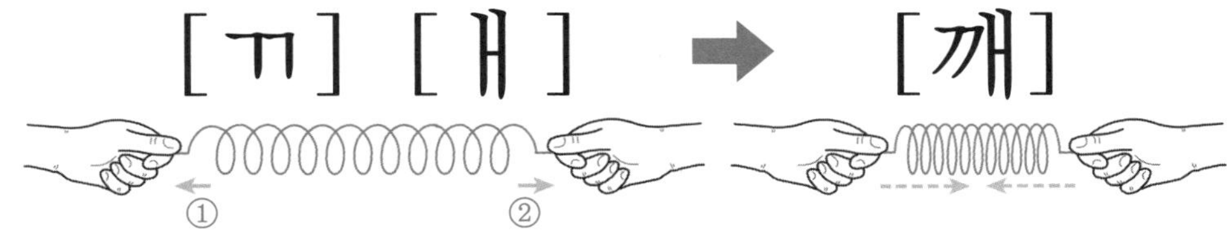

2. 다음 그림처럼 낱자 카드(✄ 〈부록 1쪽〉)를 사용하여 소리를 합쳐 봅시다.

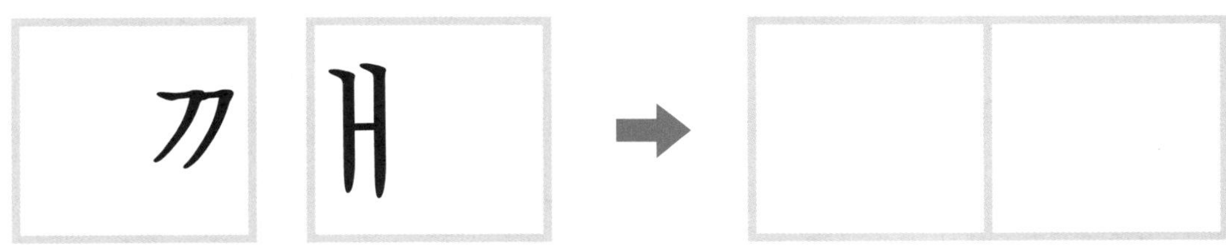

[ㄹ]와 [ㅐ]를 합치면 무슨 글자가 될까요?

1. 용수철을 사용하여 소리를 합쳐 봅시다.

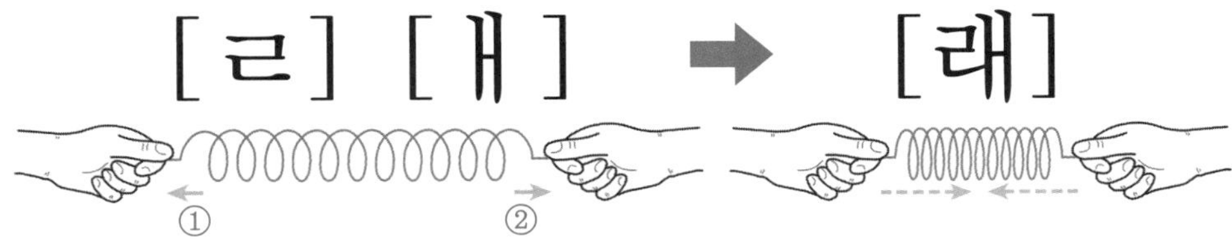

2. 다음 그림처럼 낱자 카드(✄ 〈부록 1쪽〉)를 사용하여 소리를 합쳐 봅시다.

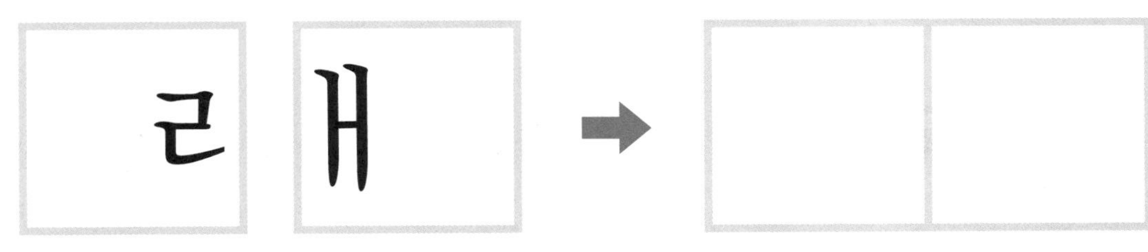

글자를 만들어 봅시다.

[ㄴ]와 [ㅐ]를 합치면 무슨 글자가 될까요?

1. 용수철을 사용하여 소리를 합쳐 봅시다.

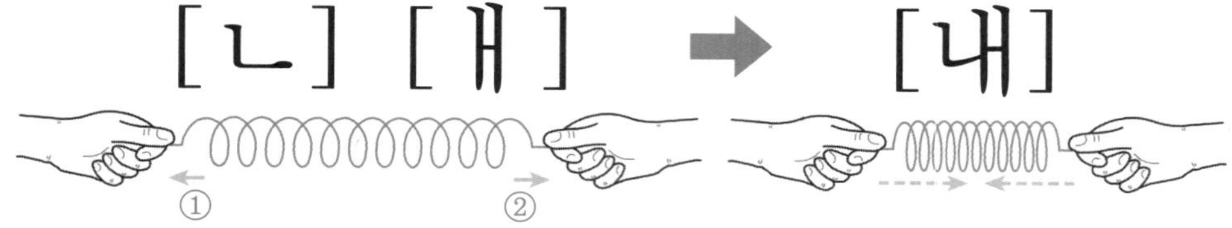

2. 다음 그림처럼 낱자 카드(✂ 〈부록 1쪽〉)를 사용하여 소리를 합쳐 봅시다.

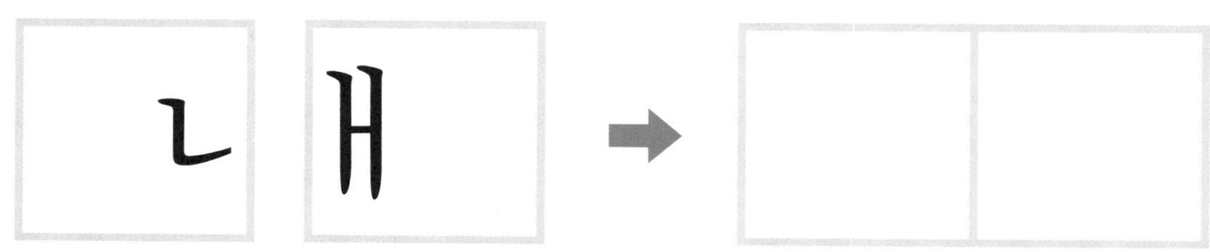

[ㅎ]와 [ㅐ]를 합치면 무슨 글자가 될까요?

1. 용수철을 사용하여 소리를 합쳐 봅시다.

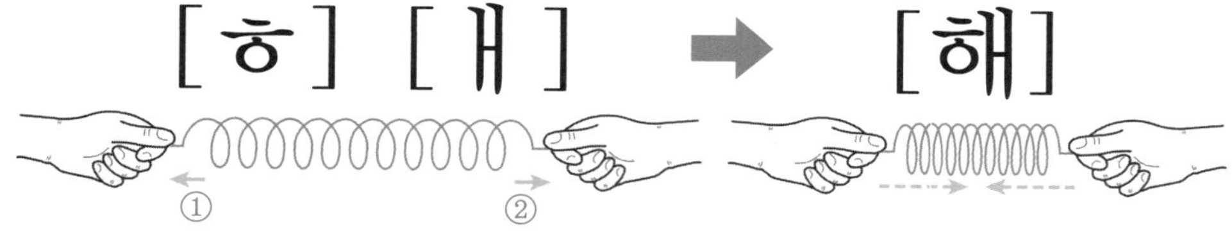

2. 다음 그림처럼 낱자 카드(✂ 〈부록 1쪽〉)를 사용하여 소리를 합쳐 봅시다.

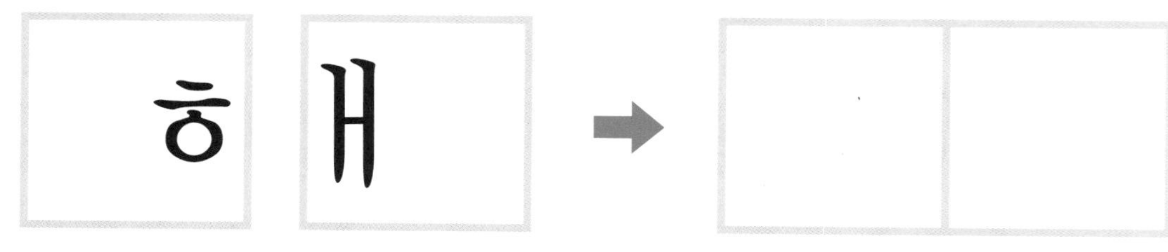

네모 칸에 있는 낱자를 각각 발음해 봅시다. 그다음, 낱자를 합쳐서 글자를 만들어 읽고 써 봅시다.

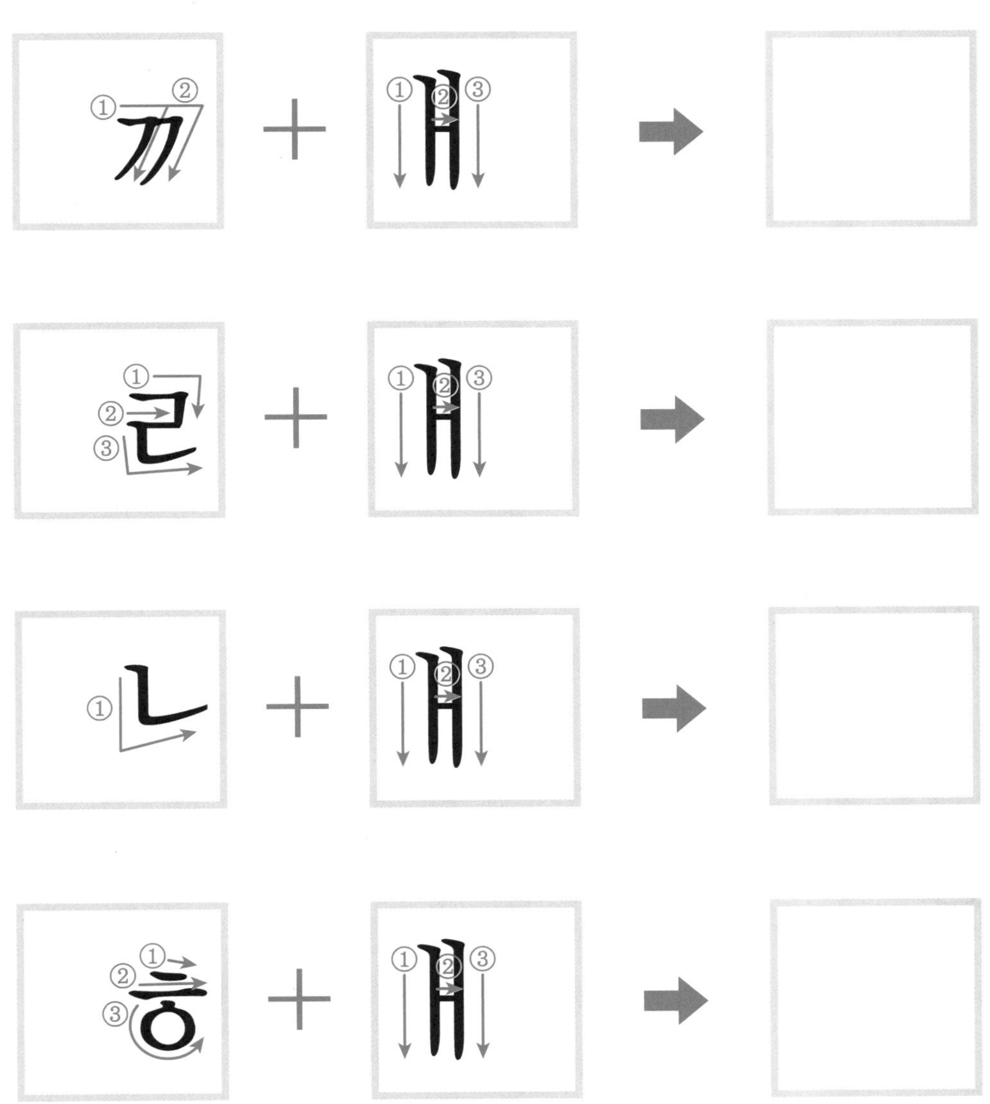

다음의 글자를 각각 발음해 봅시다. 그다음, 글자를 합쳐서 단어를 만들어 쓰고 읽어 봅시다.

○ 어 + 깨 ➡ ☐

○ 도 + 깨 + 비 ➡ ☐

○ 깨 + 지 + 다 ➡ ☐

○ 모 + 래 ➡ ☐

○ 재 + 래 ➡ ☐

○ 꺼 + 내 + 다 →

○ 내 + 기 →

○ 새 + 해 →

○ 이 + 해 →

○ 오 + 해 →

○ 내 + 리 + 다 →

〈보기〉의 단어를 소리 내어 읽어 봅시다. 그다음, 각 문장에 알맞은 단어를 〈보기〉에서 찾아 써 봅시다.

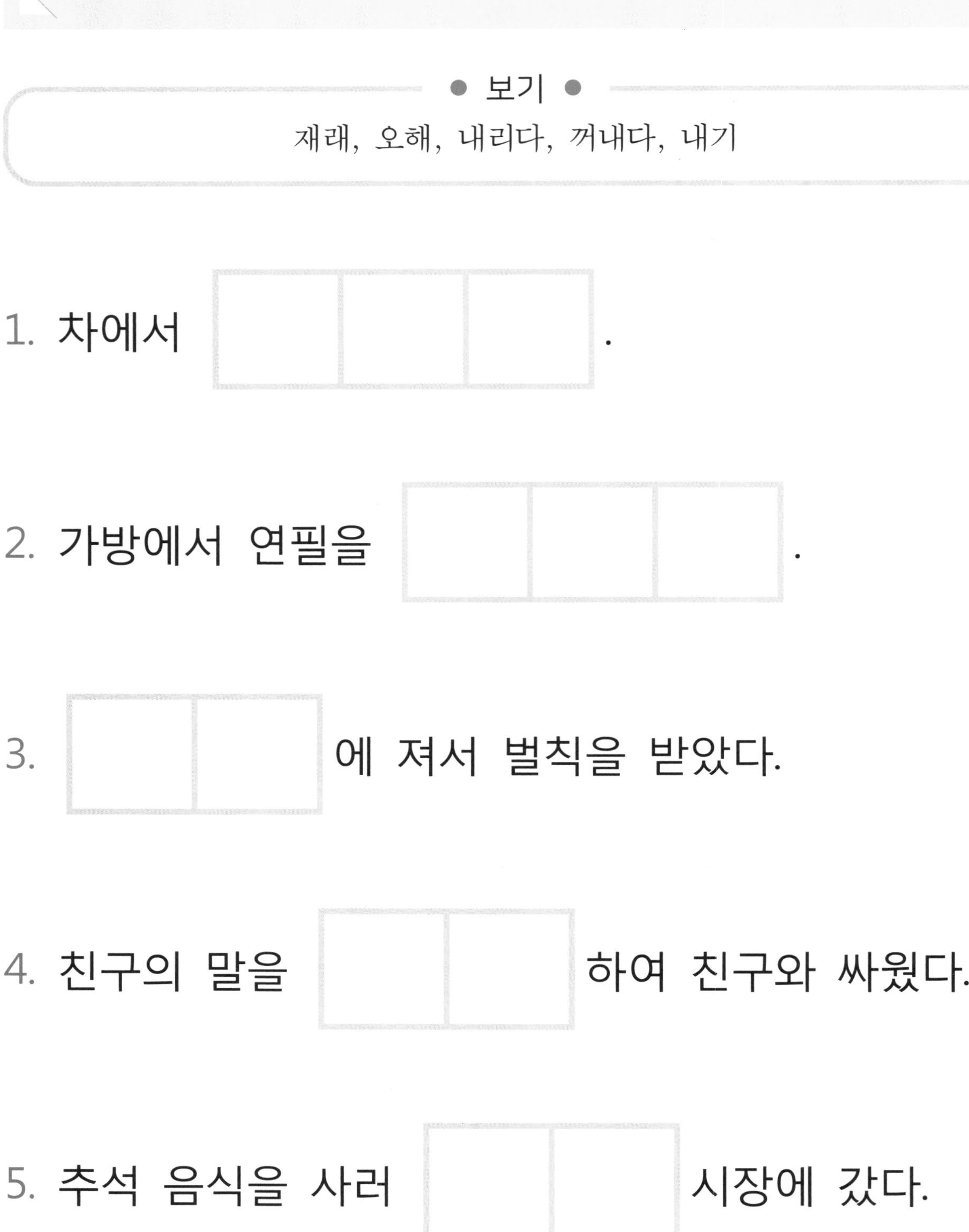

그림을 보고, 단어를 완성해 보세요.

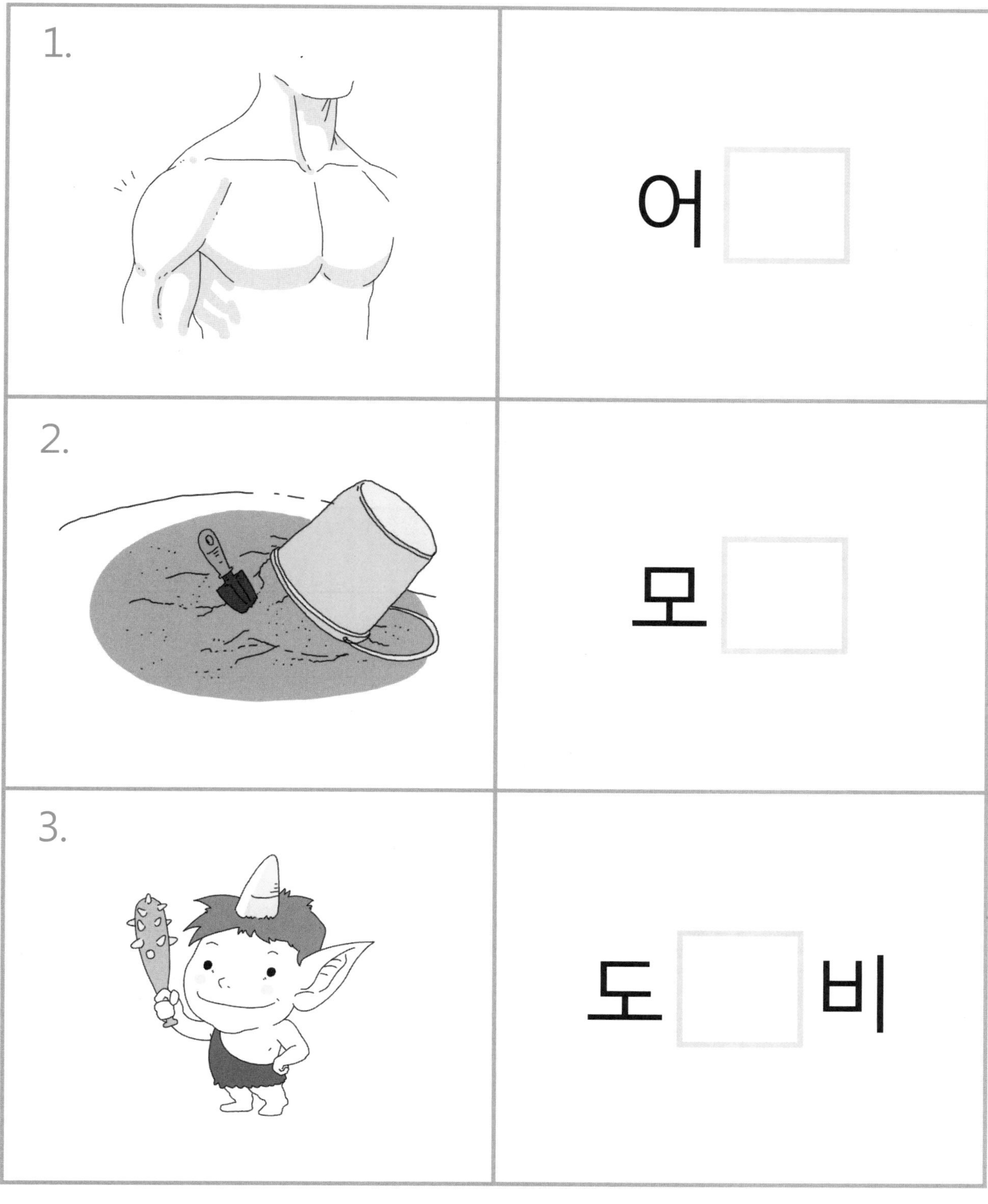

'ㄲ'과 'ㅐ'에 ○를 치면서 각 단어를 읽어 봅시다. 그다음, 각 단어를 가림판으로 가리고 외워서 쓴 후, 맞게 썼는지 확인해 봅시다. 그리고 각 단어를 두 번 더 반복하여 써 봅시다.

'ㄲ'과 'ㅐ'에 ○를 치면서 읽기	기억하여 쓰기	반복 쓰기	반복 쓰기
어깨			
도깨비			
깨지다			
모래			
재래			
꺼내다			
내리다			
내기			
새해			
이해			
오해			

빈칸에 알맞은 단어를 골라 적으세요.

1. 그는 똑똑해서 ________가 빠르다.

① 이해 ② 이헤

2. 꽃병이 떨어져서 ________.

① 깨지다 ② 께지다

3. 가방에서 연필을 ________.

① 꺼네다 ② 꺼내다

4. 서로 간에 ________를 풀었다.

① 오헤 ② 오해

5. 추석 음식을 사러 ________시장에 갔다.

① 재래 ② 제래

빈칸에 알맞은 낱자를 적어 넣어 봅시다.

1. 접시가 [ㅐ] 지다.
2. 모 [ㄹ] 로 성을 쌓고 놀았다.
3. 책가방에서 필통을 꺼 [ㅐ] 다.
4. 엄마는 재 [ㄹ] 시장에서 반찬거리를 사신다.
5. 차에서 [ㅐ] 리다.
6. [ㄴ] 기에 이겨서 상을 받았다.
7. 너무 어려워서 잘 이 [ㅎ] 가 되지 않았다.
8. 서로 간에 오 [ㅎ] 를 풀었다.
9. 새 [ㅎ] 복 많이 받으세요!
10. 넘어진 친구의 어 [ㅐ] 를 부축하여 일으켰다.
11. 그는 도 [ㄲ] 비 이야기를 무서워했다.

이전 활동에서 완성한 단어들을 같은 낱자로 시작되는 단어끼리 단어 카드 (✂ 〈부록 10쪽〉)를 사용하여 붙여 봅시다. 그다음, 같은 낱자로 시작되는 단어끼리 소리 내어 읽어 봅시다.

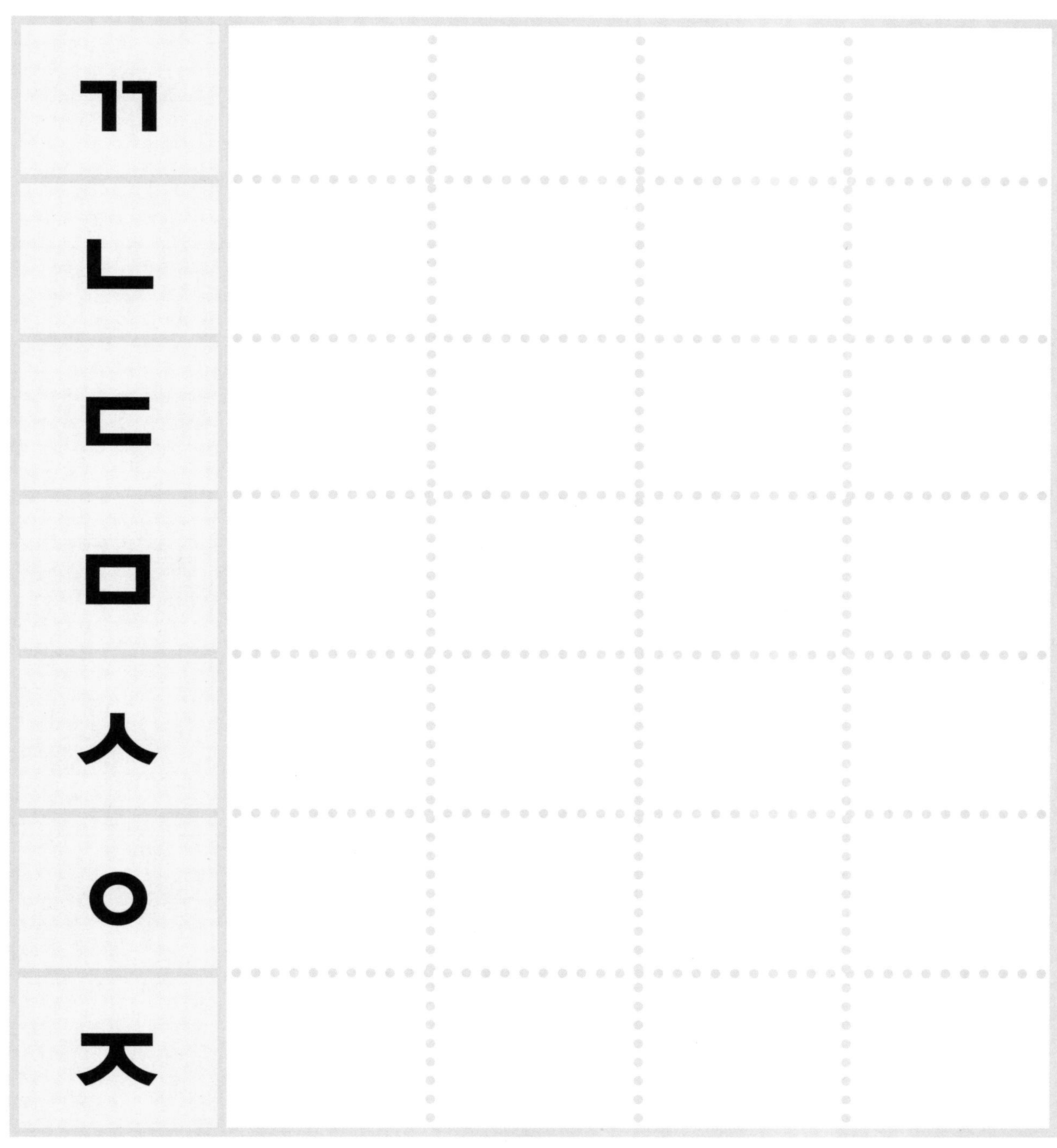

"선생님이 불러 주는 단어를 받아 적는 문제입니다. 잘 듣고, 답안지에 단어를 받아 적어 보세요."

(정답지 p. 300에 평가 문항 제시)

번호	단어
1	
2	
3	
4	
5	
6	
7	
8	

4차시 모음 ㅢ: 의사

모음 ㅢ가 포함된 단어를 정확하게 읽고 쓸 수 있다.

“선생님이 불러 주는 단어를 받아 적는 문제입니다. 잘 듣고, 답안지에 단어를 받아 적어 보세요.”

(정답지 p. 301에 평가 문항 제시)

번호	단어
1	
2	
3	
4	
5	
6	
7	
8	

수업

제목을 살펴봅시다. 제목에서 모음 'ㅢ'에 ○를 쳐 봅시다.

의 사

낱자의 소리를 알아봅시다.

ㅢ의 소리를 알아봅시다.

1. ㅢ 이것은 '의'입니다. ㅢ는 무슨 소리가 나나요? '의' 소리([ㅢ])가 납니다.

2. 그림을 보면서 ㅢ 소리를 연습해 봅시다.

[ㅢ] 의사

3. 낱자의 소리를 말하면서 표시된 순서에 따라 써 봅시다.

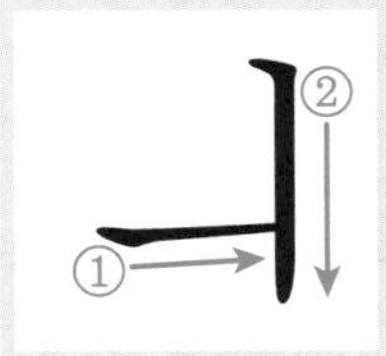

주의합시다: 낱자의 소리를 알아봅시다.

 ㅢ의 소리를 알아봅시다.

1. ㅢ 이것은 의입니다. ㅢ는 무슨 소리가 나나요? '의' 소리([ㅢ])가 납니다. 그런데, 'ㅢ'는 '의'일 때를 제외하고는 [ㅣ] 소리가 납니다.

2. 'ㅢ'가 '의'일 때를 빼고는 어떤 소리가 난다고 했지요? [ㅣ] 소리가 납니다.

3. 그림을 보면서 ㅢ 소리를 연습해 봅시다.

글자를 만들어 봅시다.

 [ㅇ]와 [ㅢ]를 합치면 무슨 글자가 될까요?

1. 다음 그림처럼 낱자 카드(✂ 〈부록 2쪽〉)를 합치면서 발음해 봅시다. ‘ㅇ’은 글자 앞에 쓰일 때(초성일 때), 아무 소리도 나지 않습니다.

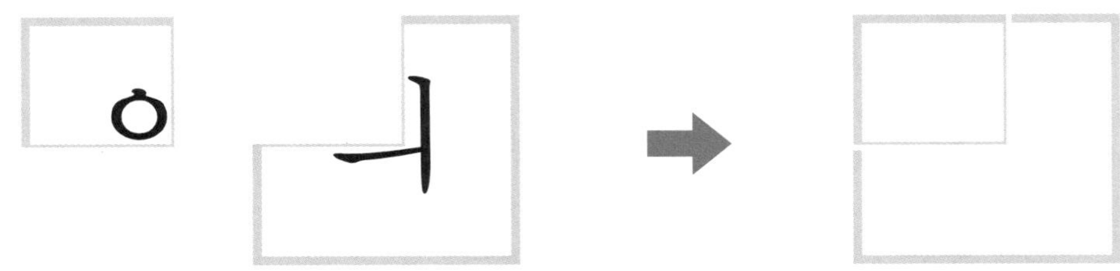

[ㅎ]와 [ㅢ]를 합치면 무슨 글자가 될까요?

1. 용수철을 사용하여 소리를 합쳐 봅시다. ‘ㅢ’가 ‘의’일 때를 빼고는 어떤 소리가 난다고 했지요? [ㅣ] 소리가 납니다.

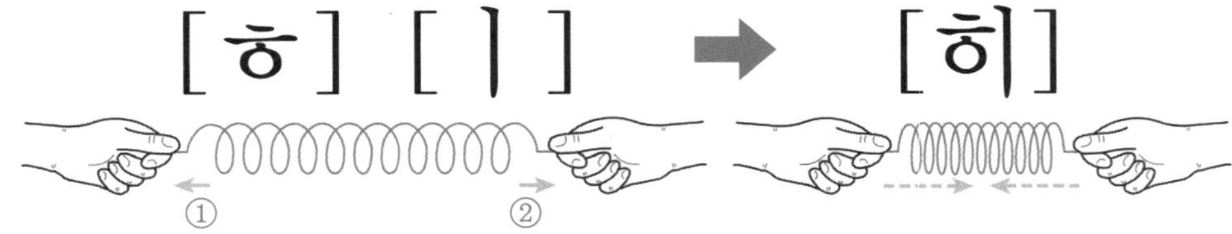

2. 다음 그림처럼 낱자 카드(✂ 〈부록 2쪽〉)를 사용하여 소리를 합쳐 봅시다.

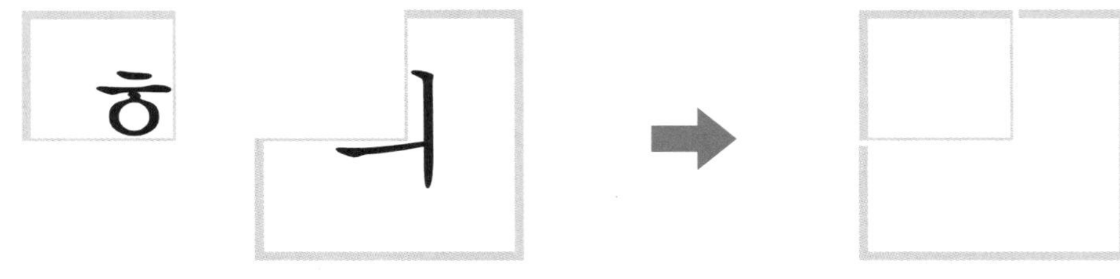

글자를 만들어 봅시다.

 [ㄴ]와 [ㅢ]를 합치면 무슨 글자가 될까요?

1. 용수철을 사용하여 소리를 합쳐 봅시다. ‘ㅢ’가 ‘의’일 때를 빼고는 어떤 소리가 난다고 했지요? [ㅣ] 소리가 납니다.

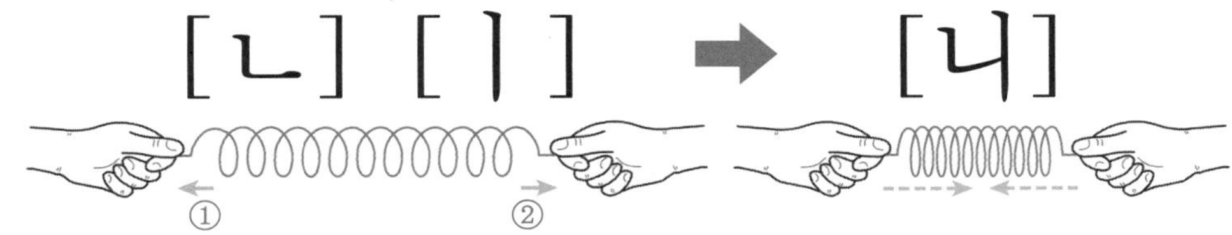

2. 다음 그림처럼 낱자 카드(✂ 〈부록 2쪽〉)를 사용하여 소리를 합쳐 봅시다.

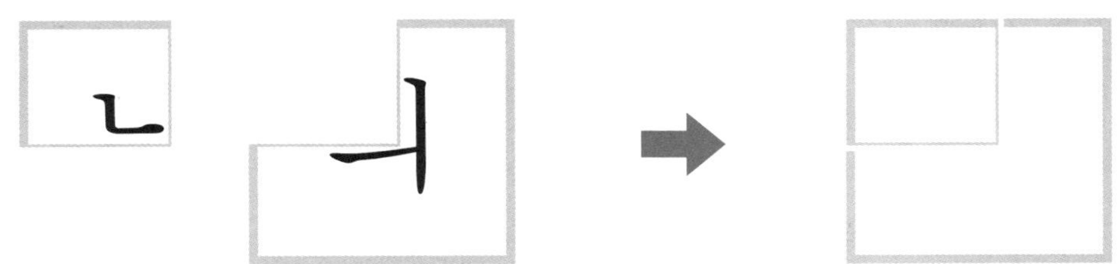

[ㅆ]와 [ㅢ]를 합치면 무슨 글자가 될까요?

1. 용수철을 사용하여 소리를 합쳐 봅시다. ‘ㅢ’가 ‘의’일 때를 빼고는 어떤 소리가 난다고 했지요? [ㅣ] 소리가 납니다.

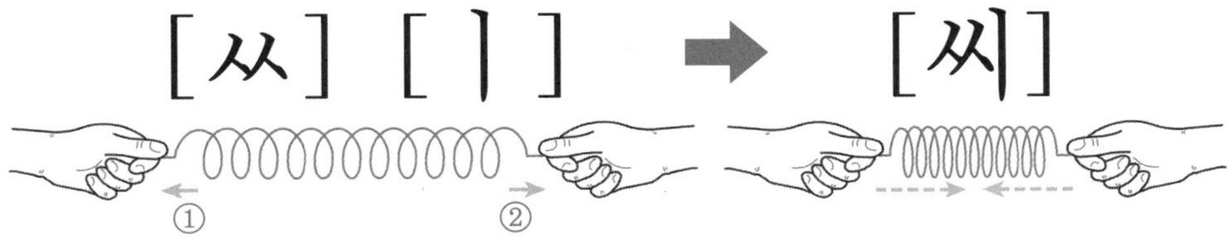

2. 다음 그림처럼 낱자 카드(✂ 〈부록 2쪽〉)를 사용하여 소리를 합쳐 봅시다.

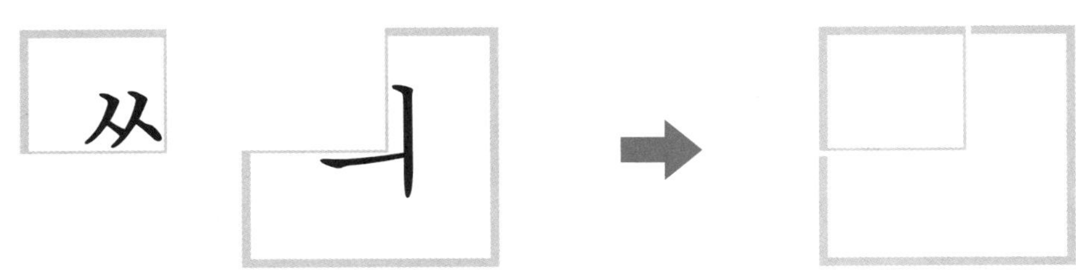

네모 칸에 있는 낱자를 각각 발음해 봅시다. 그다음, 낱자를 합쳐서 글자를 만들어 읽고 써 봅시다.

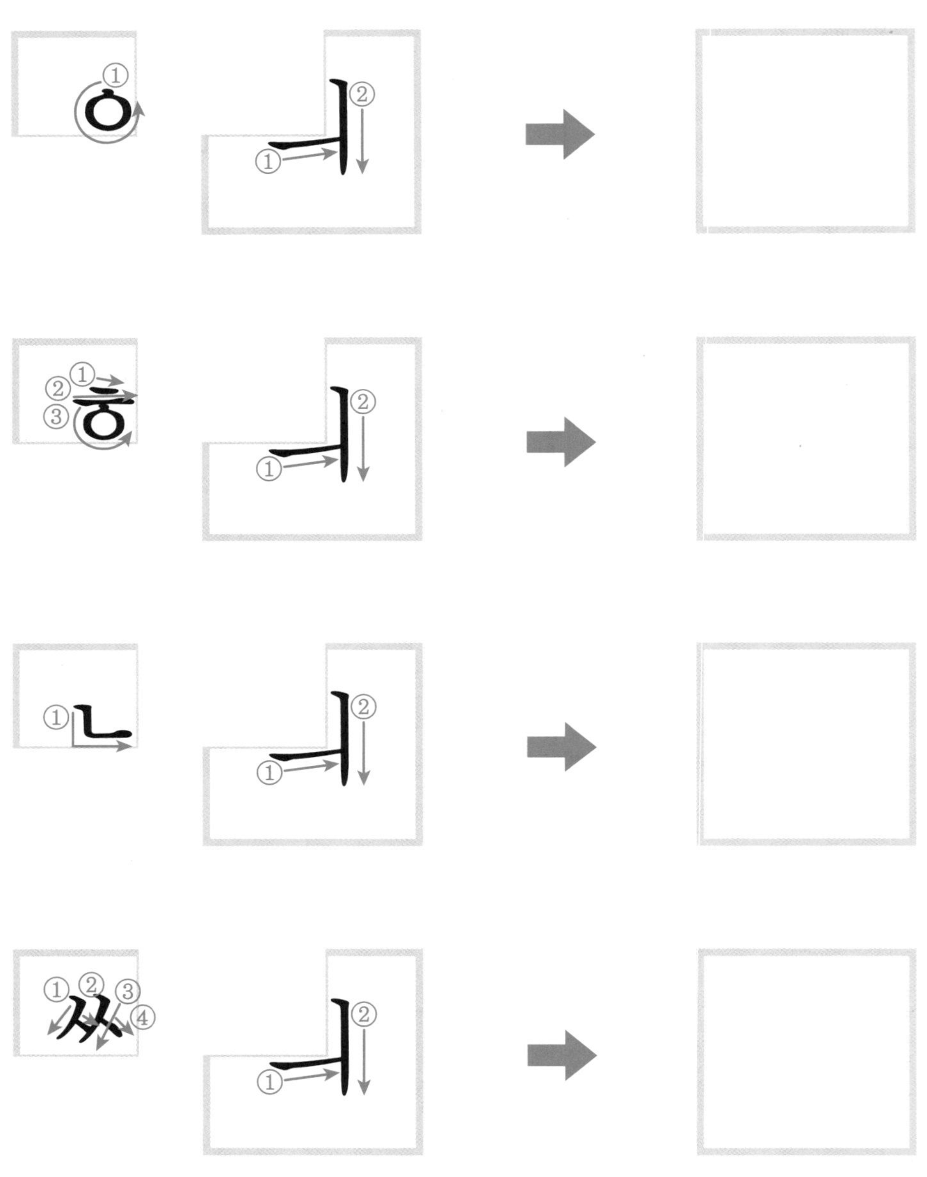

다음의 글자를 각각 발음해 봅시다. 그다음, 글자를 합쳐서 단어를 만들어 쓰고 읽어 봅시다.

○ 의 + 사 → ☐

○ 의 + 자 → ☐

○ 의 + 무 → ☐

○ 의 + 리 → ☐

○ 의 + 미 → ☐

○ 희 + 다 →

○ 저 + 희 →

○ 너 + 희 →

○ 희 + 미 + 하 + 다 →

○ 무 + 늬 →

○ 씌 + 우 + 다 →

〈보기〉의 단어를 소리 내어 읽어 봅시다. 그다음, 각 문장에 알맞은 단어를 〈보기〉에서 찾아 써 봅시다.

● 보기 ●

너희, 의무, 씌우다, 의미, 저희, 의리, 희미하다

1. 눈사람에 모자를 [| |].
2. 너무 오래 전 일이어서 기억이 [| | |].
3. 이번 경기는 [|] 팀이 이겼다.
4. [|] 를 키우시느라 어머니께서 고생이 많으세요.
5. 이 단어의 [|] 를 모르겠다.
6. 친구와의 [|] 를 중요하게 생각하다.
7. 국민에게는 지켜야 할 [|] 가 있다.

그림을 보고, 단어를 완성해 보세요.

'ㅢ'에 ○를 치면서 각 단어를 읽어 봅시다. 그다음, 각 단어를 가림판으로 가리고 외워서 쓴 후, 맞게 썼는지 확인해 봅시다. 그리고 각 단어를 두 번 더 반복하여 써 봅시다.

'ㅢ'에 ○를 치면서 읽기	기억하여 쓰기	반복 쓰기	반복 쓰기
의사			
의자			
의무			
의리			
의미			
희다			
저희			
너희			
희미하다			
무늬			
씌우다			

빈칸에 알맞은 단어를 골라 적으세요.

1. 나는 ________ 옷을 골랐다.

① 줄무니 ② 줄무늬

2. 눈사람에 모자를 ________.

① 씨우다 ② 씌우다

3. 너무 오래 전 일이어서 기억이 ________.

① 히미하다 ② 희미하다

4. 이번 경기는 ________들이 이겼다.

① 너희 ② 너의

5. 친구와의 ________를 중요하게 생각하다.

① 으리 ② 의리

6. 국민에게는 권리와 ________가 있다.

① 의무 ② 으무

빈칸에 알맞은 낱자를 적어 넣어 봅시다.

1. 너 [ㅎ] 는 어서 집으로 돌아가라.

2. 모자를 [ㅆ] 우다.

3. 고양이 모양의 무 [ㄴ] 를 수놓다.

4. 백설공주의 피부는 눈처럼 [ㅎ] 다.

5. 저 [ㅎ] 집에 꼭 놀러 오세요.

6. 나는 [ㅇ] 리를 끝까지 지켰다.

7. 기억이 [ㅎ] 미하다.

8. [ㅇ] 자에 앉으세요.

9. [ㅇ] 사 선생님의 진찰을 받았다.

이전 활동에서 완성한 단어들을 같은 낱자로 시작되는 단어끼리 단어 카드 (✂ 〈부록 10쪽〉)를 사용하여 붙여 봅시다. 그다음, 같은 낱자로 시작되는 단어끼리 소리 내어 읽어 봅시다.

"선생님이 불러 주는 단어를 받아 적는 문제입니다. 잘 듣고, 답안지에 단어를 받아 적어 보세요."

(정답지 p. 301에 평가 문항 제시)

번호	단어
1	
2	
3	
4	
5	
6	
7	
8	

5차시 된소리 자음 ㄸ: 사또

학습목표

자음 ㄸ이 포함된 단어를 정확하게 읽고 쓸 수 있다.

사전평가

"선생님이 불러 주는 단어를 받아 적는 문제입니다. 잘 듣고, 답안지에 단어를 받아 적어 보세요."

(정답지 p. 302에 평가 문항 제시)

번호	단어
1	
2	
3	
4	
5	
6	
7	
8	

수업

제목을 살펴봅시다. 제목에서 자음 'ㄸ'에 ○를 쳐 봅시다.

사 또

낱자의 소리를 알아봅시다.

ㄸ의 소리를 알아봅시다.

1. ㄸ 이것은 '쌍디귿'입니다. ㄸ은 무슨 소리가 나나요? '뜨' 소리([ㄸ])가 납니다.

2. 그림을 보면서 ㄸ 소리를 연습해 봅시다.

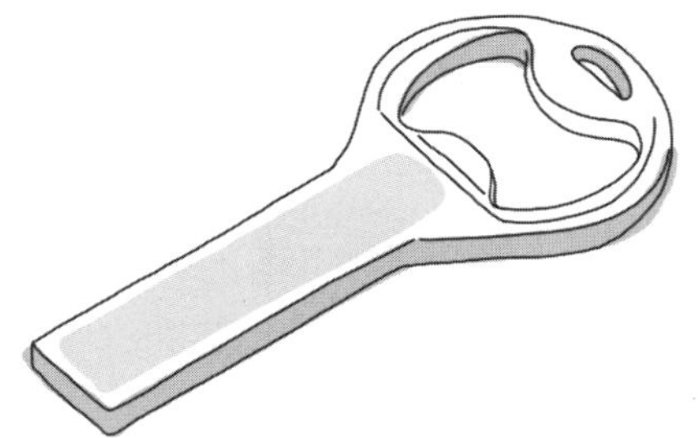

[ㄸ] 따개

3. 낱자의 소리를 말하면서 표시된 순서에 따라 써 봅시다.

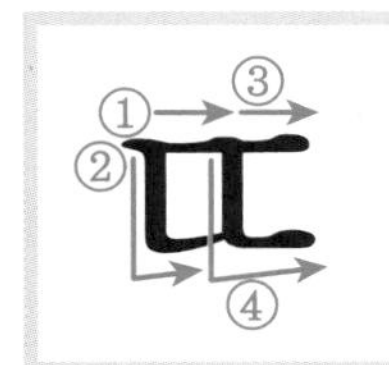

글자를 만들어 봅시다.

 [ㄸ]와 [ㅗ]를 합치면 무슨 글자가 될까요?

1. 용수철을 사용하여 소리를 합쳐 봅시다.

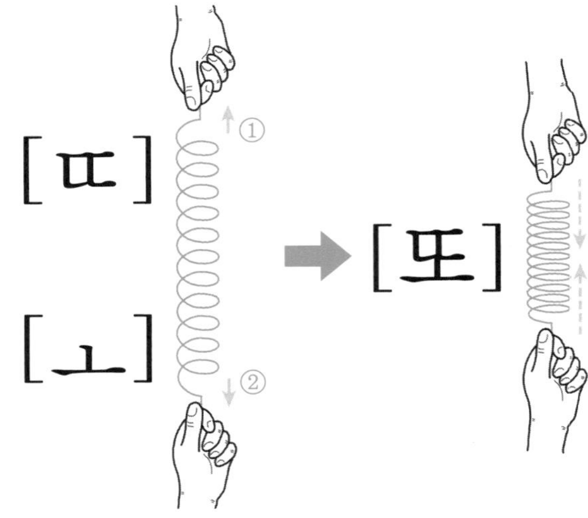

2. 다음 그림처럼 낱자 카드(✂ 〈부록 2쪽〉)를 사용하여 소리를 합쳐 봅시다.

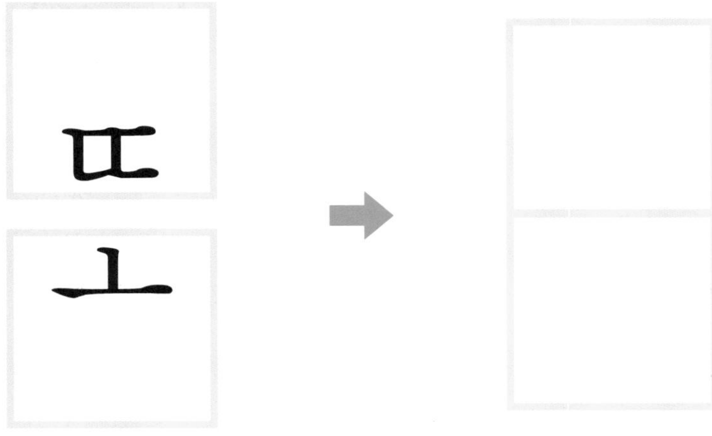

글자를 만들어 봅시다.

 [ㄸ]와 [ㅏ]를 합치면 무슨 글자가 될까요?

1. 용수철을 사용하여 소리를 합쳐 봅시다.

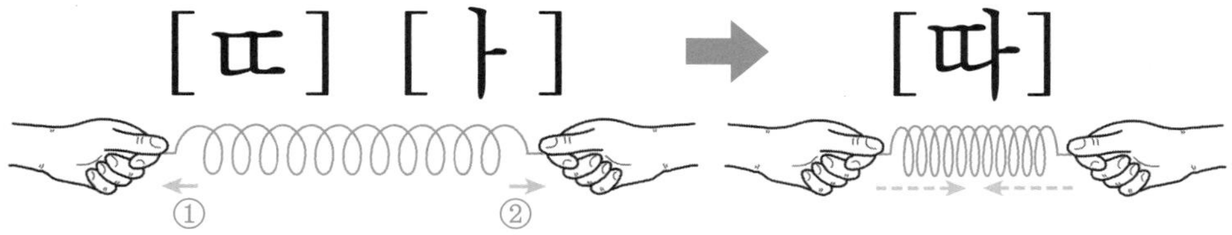

2. 다음 그림처럼 낱자 카드(✄ 〈부록 2쪽〉)를 사용하여 소리를 합쳐 봅시다.

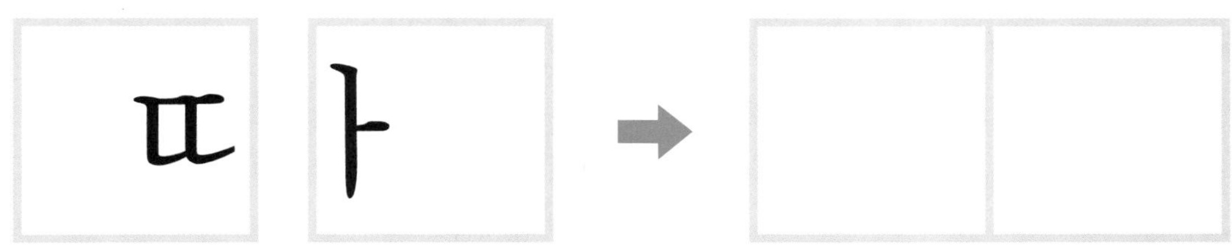

[ㄸ]와 [ㅣ]를 합치면 무슨 글자가 될까요?

1. 용수철을 사용하여 소리를 합쳐 봅시다.

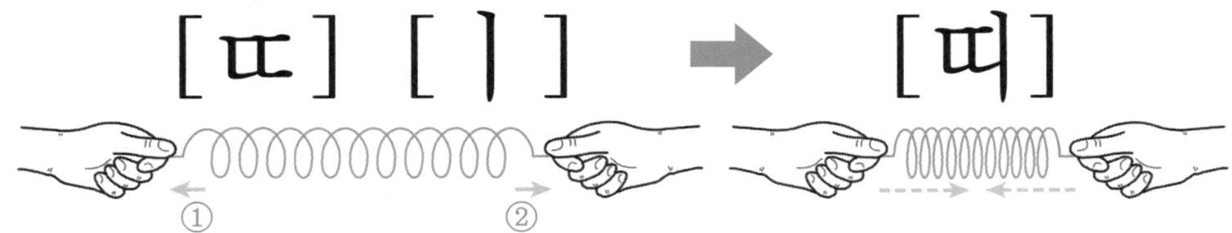

2. 다음 그림처럼 낱자 카드(✄ 〈부록 2쪽〉)를 사용하여 소리를 합쳐 봅시다.

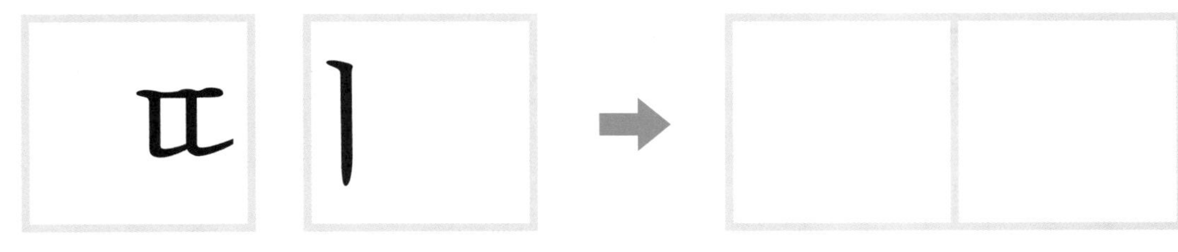

네모 칸에 있는 낱자를 각각 발음해 봅시다. 그다음, 낱자를 합쳐서 글자를 만들어 읽고 써 봅시다.

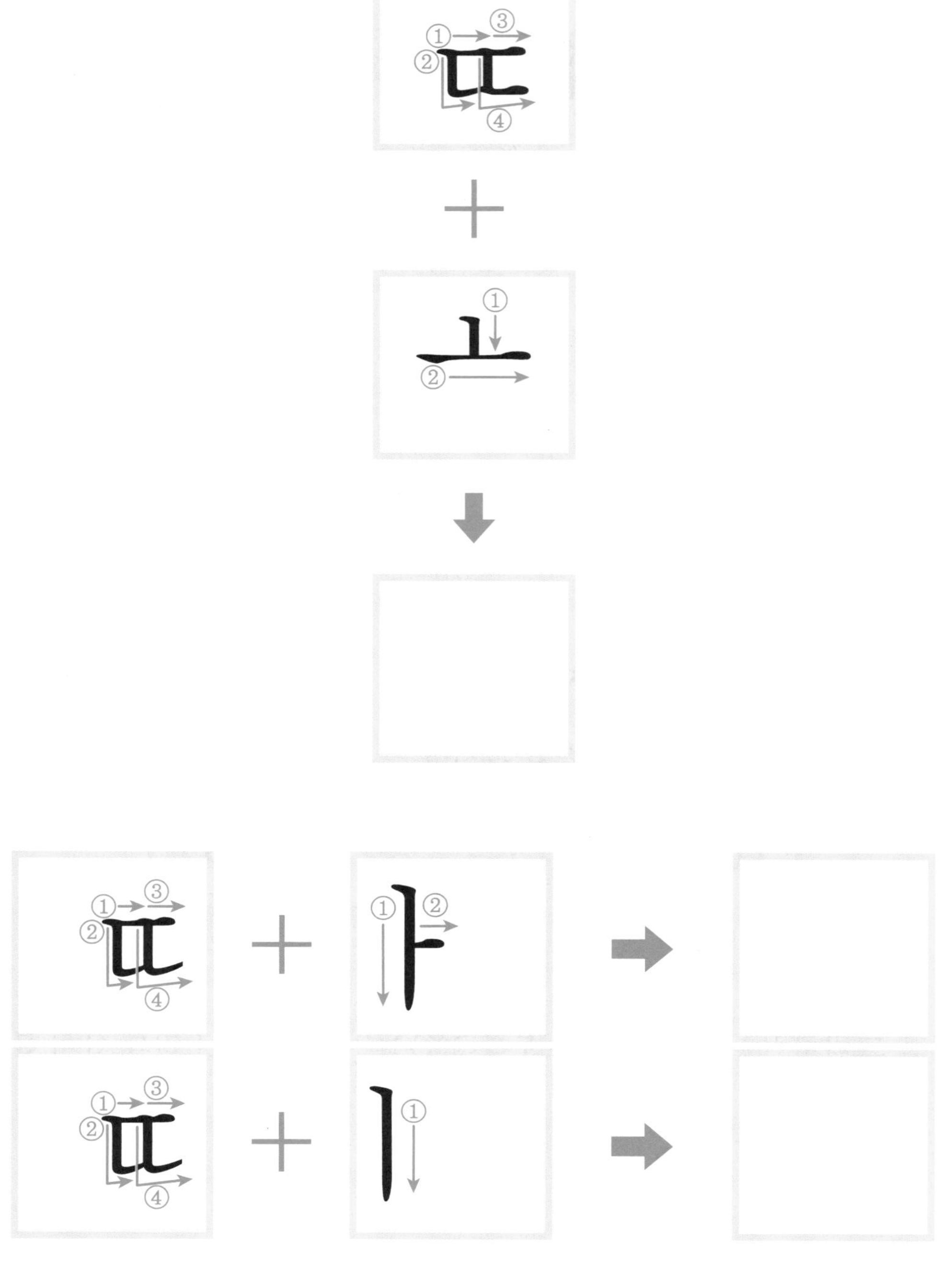

다음의 글자를 각각 발음해 봅시다. 그다음, 글자를 합쳐서 단어를 만들어 쓰고 읽어 봅시다.

○ 또 + 래 → ☐

○ 사 + 또 → ☐

○ 또 + 다 + 시 → ☐

○ 따 + 개 → ☐

○ 따 + 다 → ☐

5 차시

○ 따 + 로 ➡

○ 이 + 따 + 가 ➡

○ 따 + 라 + 서 ➡

○ 띠 + 다 ➡

○ 머 + 리 + 띠 ➡

○ 허 + 리 + 띠 ➡

〈보기〉의 단어를 소리 내어 읽어 봅시다. 그다음, 각 문장에 알맞은 단어를 〈보기〉에서 찾아 써 봅시다.

● 보기 ●

또다시, 허리띠, 또래, 따다, 이따가, 띠다, 따로, 따라서

1. 놀이터에서 [ ][ ] 친구들과 놀았다.
2. 지금은 바쁘니 [ ][ ][ ] 전화할게.
3. 사과나무에서 사과를 [ ][ ].
4. 얼굴에 미소를 [ ][ ].
5. 바지가 흘러내려서 [ ][ ][ ]를 했다.
6. 친구와 싸워서 [ ][ ] 떨어져 앉았다.
7. 아침에 일어났다가 [ ][ ][ ] 잠이 들었다.
8. 나는 늦게 일어났다. [ ][ ][ ] 학교에 지각했다.

그림을 보고, 단어를 완성해 보세요.

1.	머리 □
2.	□ 개
3.	사 □

'ㄸ'에 ○를 치면서 각 단어를 읽어 봅시다. 그다음, 각 단어를 가림판으로 가리고 외워서 쓴 후, 맞게 썼는지 확인해 봅시다. 그리고 각 단어를 두 번 더 반복하여 써 봅시다.

'ㄸ'에 ○를 치면서 읽기	기억하여 쓰기	반복 쓰기	반복 쓰기
또래			
사또			
또다시			
따개			
따다			
따로			
따라서			
이따가			
띠다			
머리띠			
허리띠			

빈칸에 알맞은 단어를 골라 적으세요.

1. 나는 ________ 갈게!

① 이다가 ② 이따가

2. 학년별로 ________ 갈라 앉혔다.

① 따로 ② 다로

3. 사과나무에서 사과를 ________.

① 땋다 ② 따다

4. 내 나이 ________ 친구와 놀았다.

① 또래 ② 또레

5. 얼굴에 미소를 ________.

① 띠다 ② 띄다

6. ________ 다치지 않도록 조심해라.

① 또다시 ② 도다시

빈칸에 알맞은 낱자를 적어 넣어 봅시다.

1. 우리 집은 외딴 곳에 [ㅏ]로 떨어져 있다.

2. 자기 나이 [ㅗ]래들보다 키가 크다.

3. 바지가 흘러내리지 않게 허리에 [ㅣ]를 하다.

4. 과식은 좋지 않다. [ㅏ]라서 적당한 양을 먹어야 한다.

5. [ㅗ] 다시 거짓말을 하면 안 돼!

6. [ㅏ]개로 병뚜껑을 열다.

7. 지금 말고 이 [ㅏ]가 얘기할까?

8. 앞머리가 흘러내려서 머리 [ㅣ]를 했다.

이전 활동에서 완성한 단어들을 같은 낱자로 시작되는 단어끼리 단어 카드(✂ 〈부록 10쪽〉)를 사용하여 붙여 봅시다. 그다음, 같은 낱자로 시작되는 단어끼리 소리 내어 읽어 봅시다.

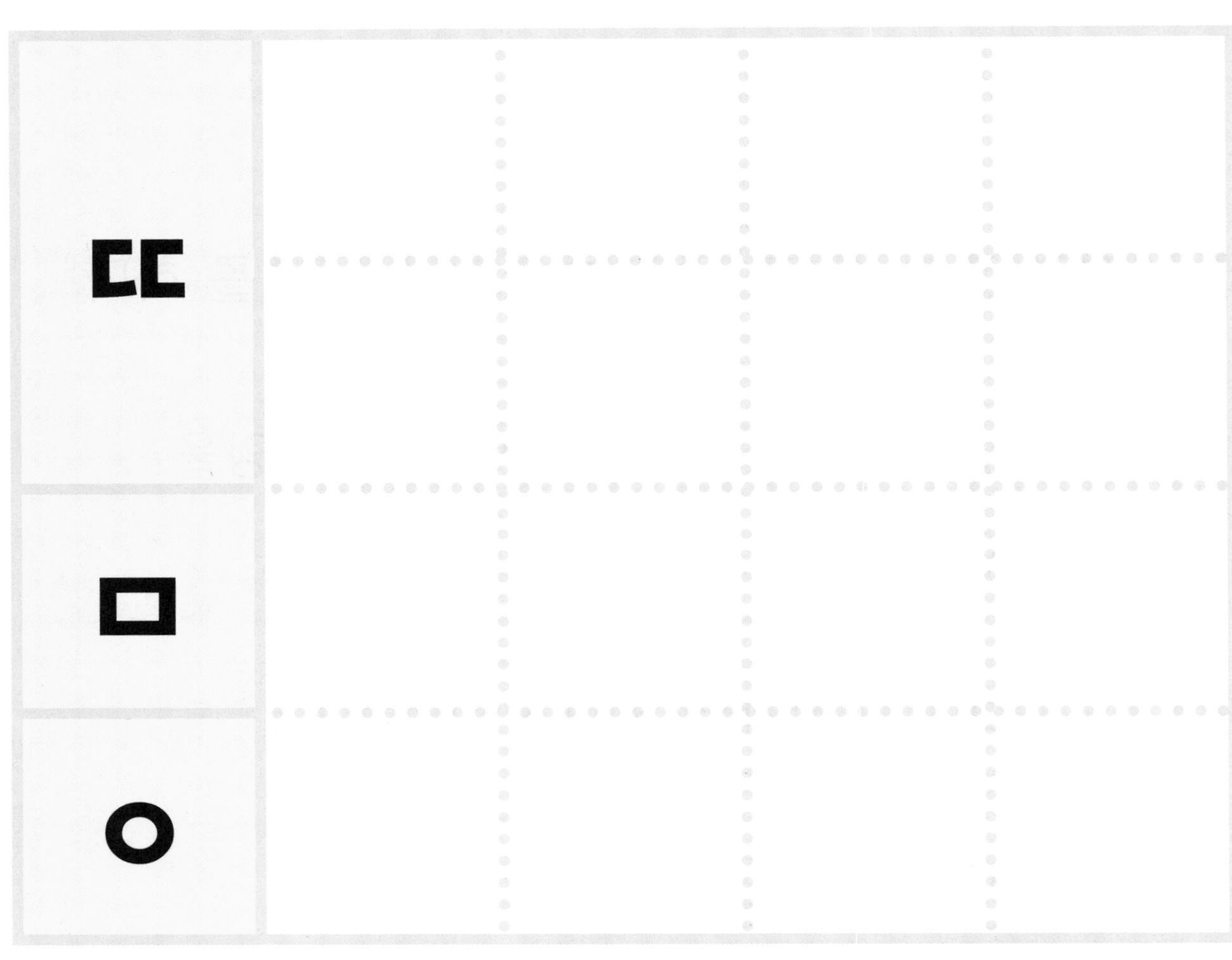

"선생님이 불러 주는 단어를 받아 적는 문제입니다. 잘 듣고, 답안지에 단어를 받아 적어 보세요."

(정답지 p. 302에 평가 문항 제시)

번호	단어
1	
2	
3	
4	
5	
6	
7	
8	

6차시 모음 ㅔ: 메뚜기

학습목표

모음 ㅔ가 포함된 단어를 정확하게 읽고 쓸 수 있다.

사전평가

"선생님이 불러 주는 단어를 받아 적는 문제입니다. 잘 듣고, 답안지에 단어를 받아 적어 보세요."

(정답지 p. 303에 평가 문항 제시)

번호	단어
1	
2	
3	
4	
5	
6	
7	
8	

수업

제목을 살펴봅시다. 제목에서 모음 'ㅔ'에 ○를 쳐 봅시다.

메　뚜　기

낱자의 소리를 알아봅시다.

ㅔ의 소리를 알아봅시다.

1. ㅔ 이것은 '에'입니다. ㅔ는 무슨 소리가 나나요? '에' 소리([ㅔ])가 납니다.

2. 그림을 보면서 ㅔ 소리를 연습해 봅시다.

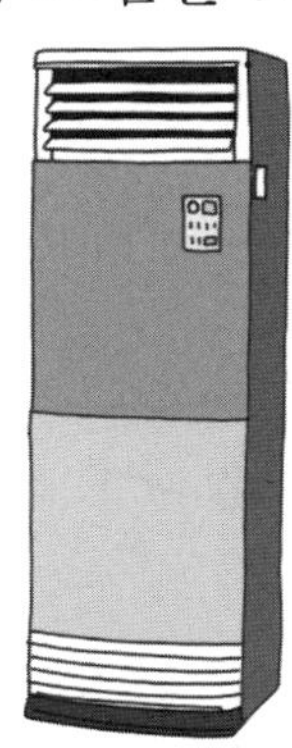

[ㅔ] 에어컨

3. 낱자의 소리를 말하면서 표시된 순서에 따라 써 봅시다.

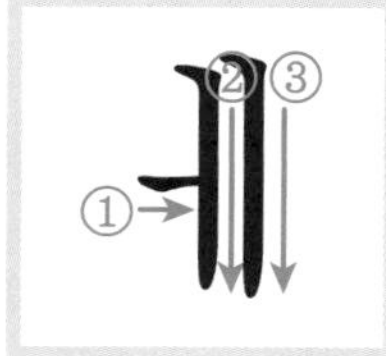

글자를 만들어 봅시다.

 [ㅇ]과 [ㅔ]를 합치면 무슨 글자가 될까요?

1. 다음 그림처럼 낱자 카드(✂ 〈부록 2쪽〉)를 합치면서 발음해 봅시다. 'ㅇ'은 글자 앞에 쓰일 때(초성일 때), 아무 소리도 나지 않습니다.

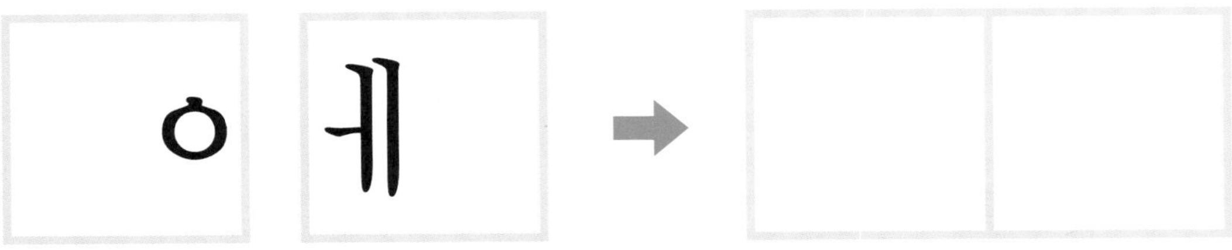

[ㄴ]와 [ㅔ]를 합치면 무슨 글자가 될까요?

1. 용수철을 사용하여 소리를 합쳐 봅시다.

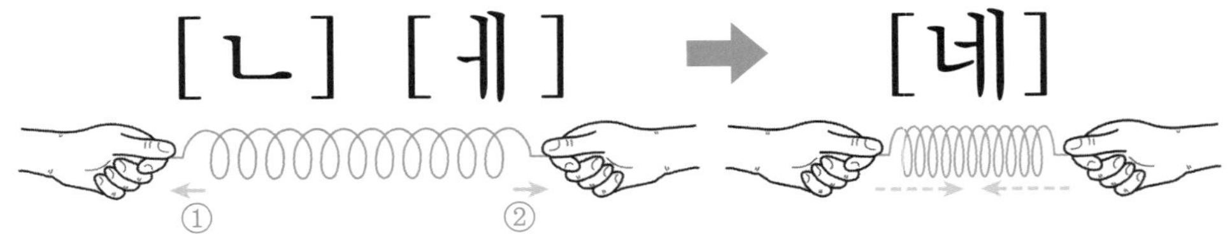

2. 다음 그림처럼 낱자 카드(✂ 〈부록 2쪽〉)를 사용하여 소리를 합쳐 봅시다.

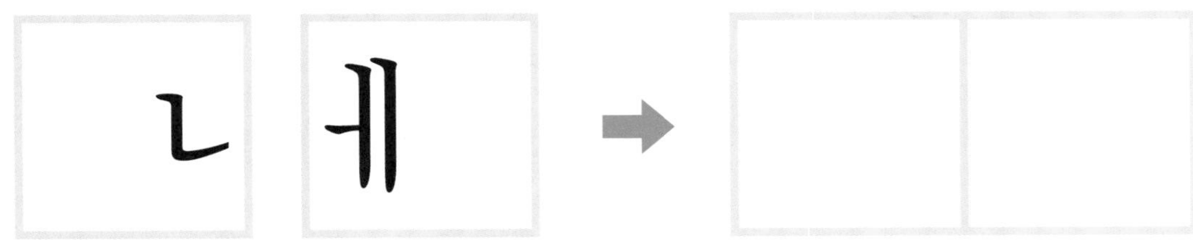

글자를 만들어 봅시다.

 [ㅁ]와 [ㅔ]를 합치면 무슨 글자가 될까요?

1. 용수철을 사용하여 소리를 합쳐 봅시다.

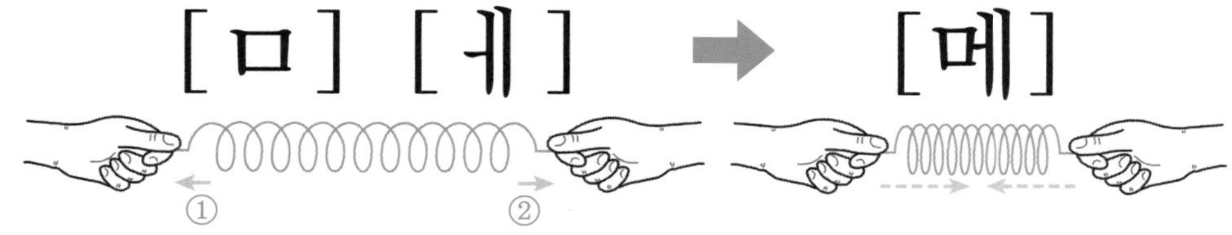

2. 다음 그림처럼 낱자 카드(✂ 〈부록 2쪽〉)를 사용하여 소리를 합쳐 봅시다.

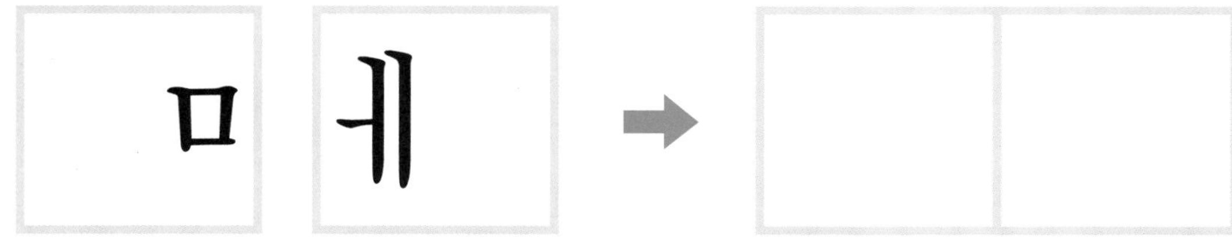

네모 칸에 있는 낱자를 각각 발음해 봅시다. 그다음, 낱자를 합쳐서 글자를 만들어 읽고 써 봅시다.

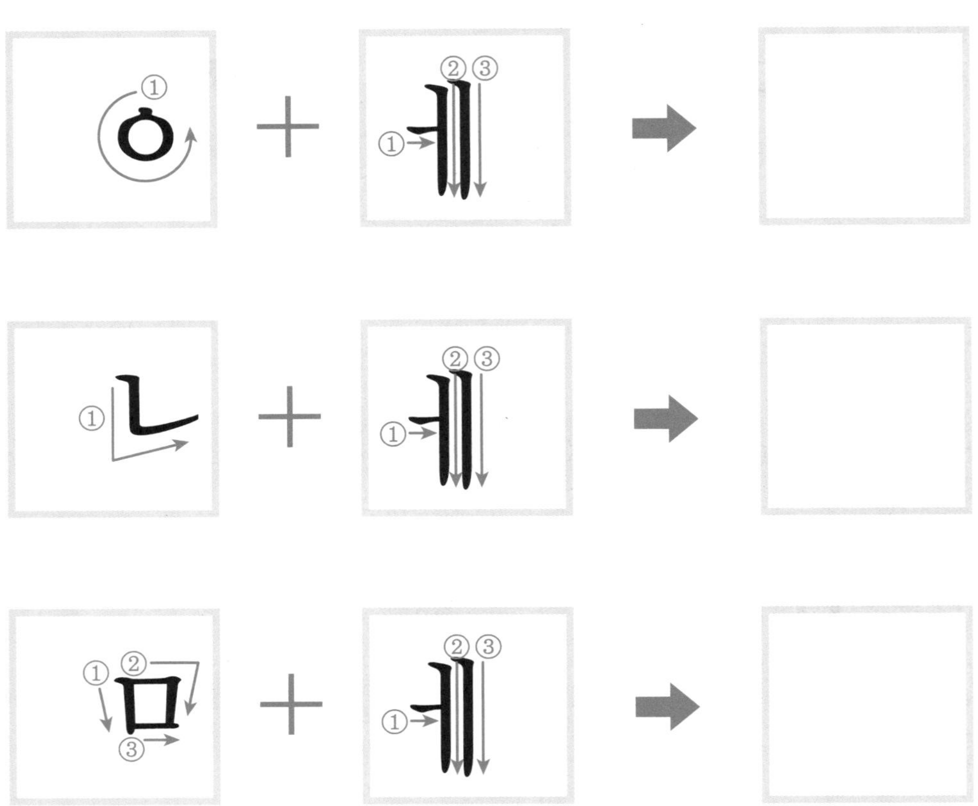

다음의 글자를 각각 발음해 봅시다. 그다음, 글자를 합쳐서 단어를 만들어 쓰고 읽어 봅시다.

○ 지 + 네 ➡ [   ]

○ 그 + 네 ➡ [   ]

○ 네 + 모 ➡ [   ]

○ 에 + 너 + 지 ➡ [   ]

○ 누 + 에 ➡ [   ]

○ 어 + 디 + 에 ➡ ☐

○ 메 + 뚜 + 기 ➡ ☐

○ 메 + 다 ➡ ☐

○ 메 + 모 ➡ ☐

○ 메 + 아 + 리 ➡ ☐

○ 메 + 우 + 다 ➡ ☐

〈보기〉의 단어를 소리 내어 읽어 봅시다. 그다음, 각 문장에 알맞은 단어를 〈보기〉에서 찾아 써 봅시다.

● 보기 ●

어디에, 메우다, 에너지, 메다, 지네, 메아리

1. [ ][ ] 는 발이 많다.

2. 내 동생은 [ ][ ][ ] 숨은 걸까?

3. 너무 슬퍼서 목이 [ ][ ].

4. 석유를 대신할 수 있는 [ ][ ][ ] 개발이 필요하다.

5. 구덩이를 돌로 [ ][ ][ ].

6. 야호 소리가 [ ][ ][ ] 가 되어 되돌아 왔다.

그림을 보고, 단어를 완성해 보세요.

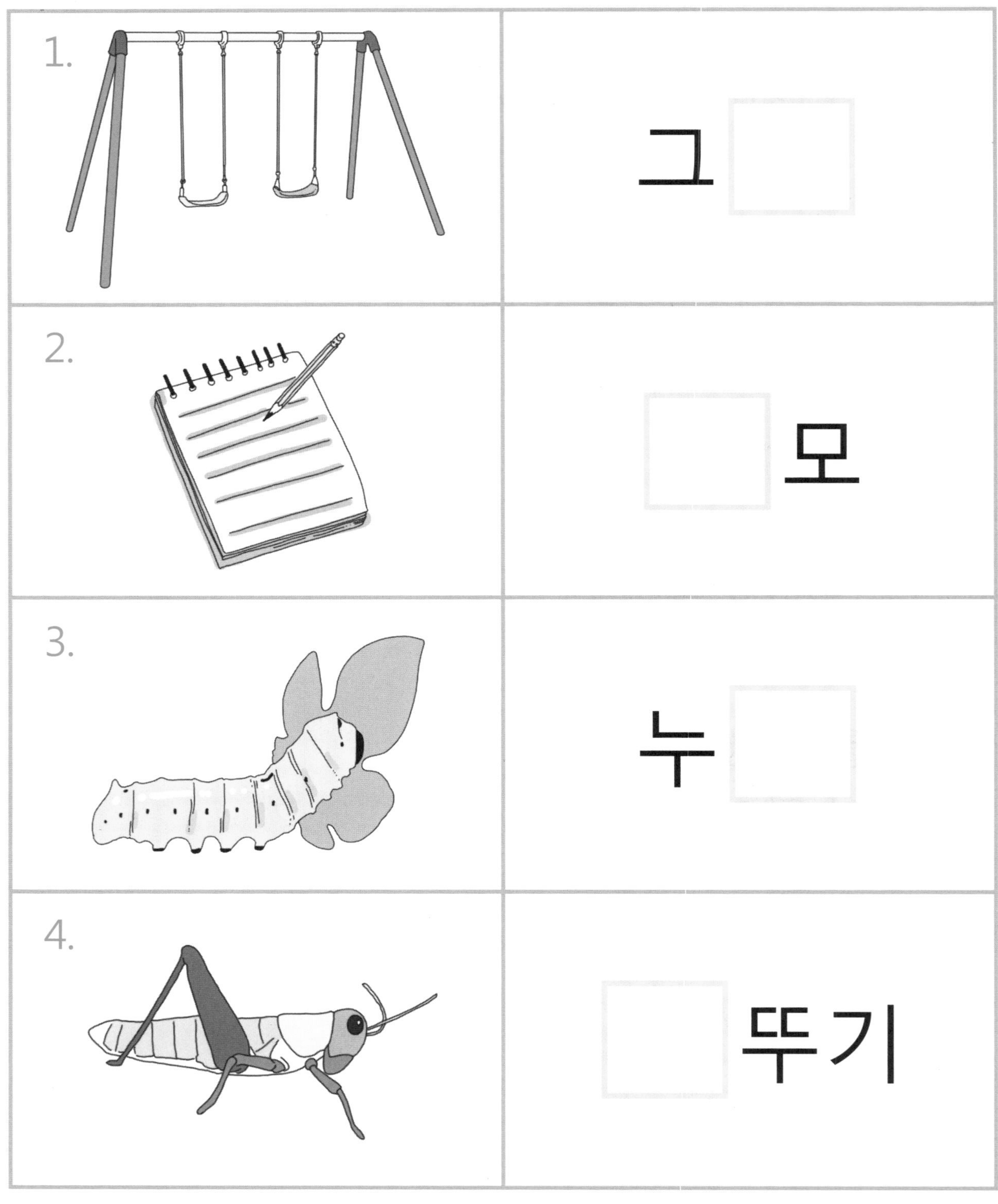

'ㅔ'에 ○를 치면서 각 단어를 읽어 봅시다. 그다음, 각 단어를 가림판으로 가리고 외워서 쓴 후, 맞게 썼는지 확인해 봅시다. 그리고 각 단어를 두 번 더 반복하여 써 봅시다.

'ㅔ'에 ○를 치면서 읽기	기억하여 쓰기	반복 쓰기	반복 쓰기
지네			
그네			
네모			
에너지			
누에			
어디에			
메뚜기			
메다			
메모			
메아리			
메우다			

빈칸에 알맞은 단어를 골라 적으세요.

1. ________ 모양의 식빵

① 네모 ② 내모

2. 놀이터에서 ________를 탔다.

① 그내 ② 그네

3. 석유를 대신할 수 있는 ________가 필요하다.

① 에너지 ② 애너지

4. 구덩이를 돌로 ________.

① 매우다 ② 메우다

5. 비가 오지 않아서 땅이 ________.

① 매마르다 ② 메마르다

6. 야호 소리가 ________가 되어 돌아왔다.

① 메아리 ② 매아리

빈칸에 알맞은 낱자를 적어 넣어 봅시다.

1. 어디 [ㅇ] 숨겨 놓았니?

2. 가방을 [ㅁ] 다.

3. 구덩이를 [ㅁ] 우다.

4. 전화가 와서 [ㅁ] 모를 남기다.

5. 지 [ㄴ] 는 발이 많다.

6. 누 [ㅇ] 는 나방의 애벌레이다.

7. [ㅁ] 뚜기가 뛰어노는 가을이다.

이전 활동에서 완성한 단어들을 같은 낱자로 시작되는 단어끼리 단어 카드 (✂ 〈부록 10~11쪽〉)를 사용하여 붙여 봅시다. 그다음, 같은 낱자로 시작되는 단어끼리 소리 내어 읽어 봅시다.

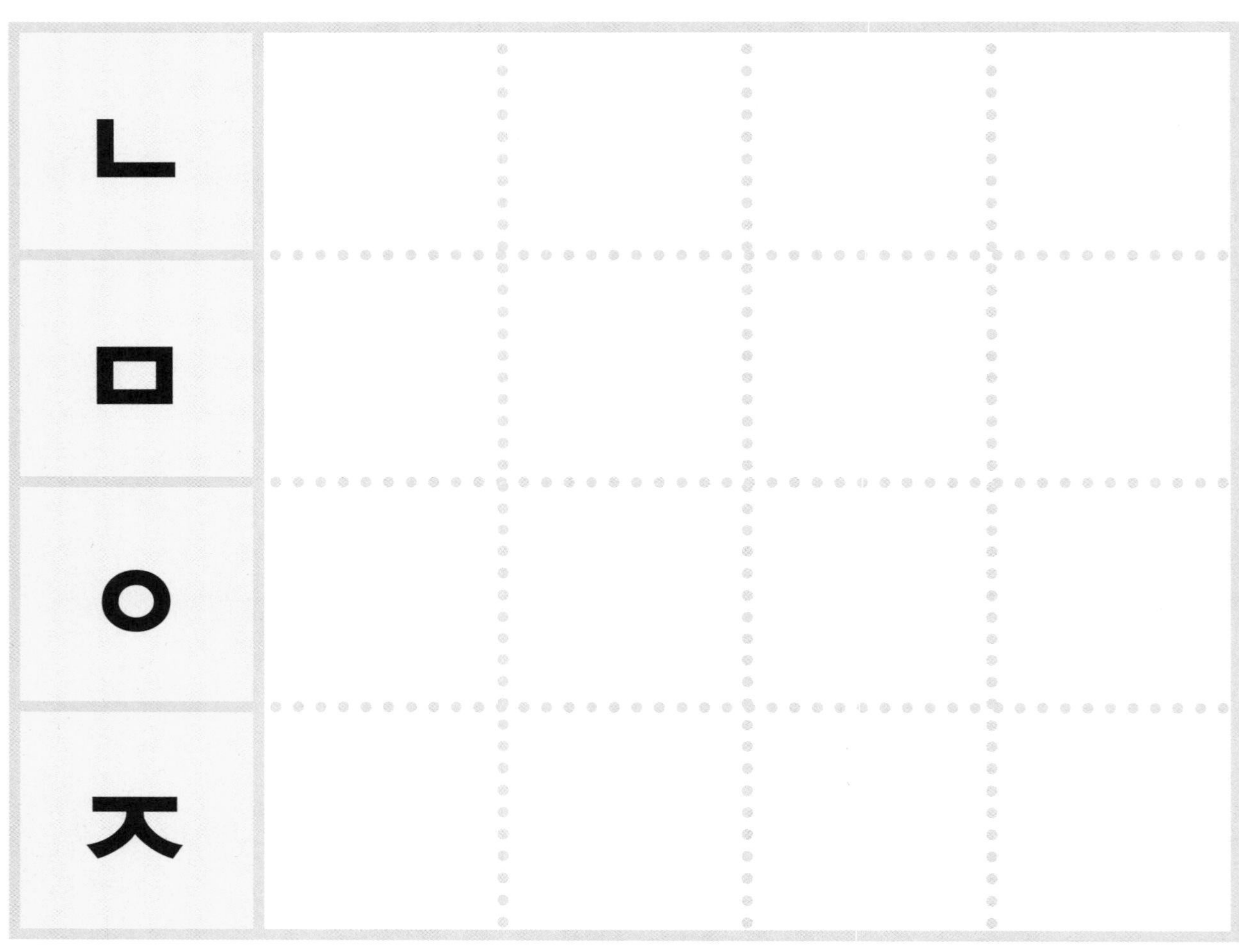

"선생님이 불러 주는 단어를 받아 적는 문제입니다. 잘 듣고, 답안지에 단어를 받아 적어 보세요."

(정답지 p. 303에 평가 문항 제시)

번호	단어
1	
2	
3	
4	
5	
6	
7	
8	

7차시 모음 ㅔ: 데이지

모음 ㅔ가 포함된 단어를 정확하게 읽고 쓸 수 있다.

"선생님이 불러 주는 단어를 받아 적는 문제입니다. 잘 듣고, 답안지에 단어를 받아 적어 보세요."

(정답지 p. 304에 평가 문항 제시)

번호	단어
1	
2	
3	
4	
5	
6	
7	
8	

수업

제목을 살펴봅시다. 제목에서 모음 'ㅔ'에 ○를 쳐 봅시다.

데 이 지

낱자의 소리를 알아봅시다.

ㅔ의 소리를 알아봅시다.

1. ㅔ 이것은 '에'입니다. ㅔ는 무슨 소리가 나나요? '에' 소리([ㅔ])가 납니다.

2. 그림을 보면서 ㅔ 소리를 연습해 봅시다.

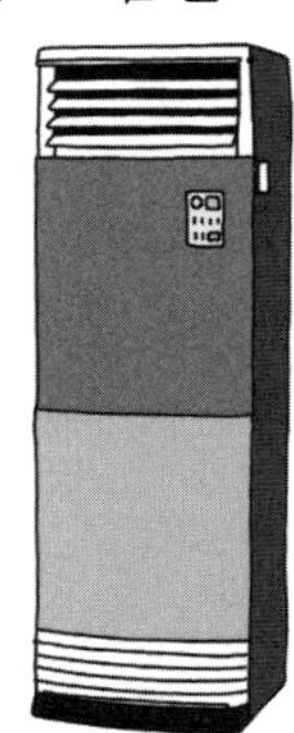

[ㅔ] 에어컨

3. 낱자의 소리를 말하면서 표시된 순서에 따라 써 봅시다.

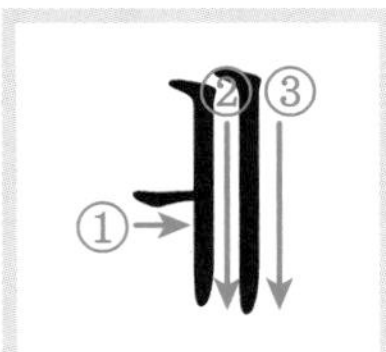

글자를 만들어 봅시다.

 [ㄷ]와 [ㅔ]를 합치면 무슨 글자가 될까요?

1. 용수철을 사용하여 소리를 합쳐 봅시다.

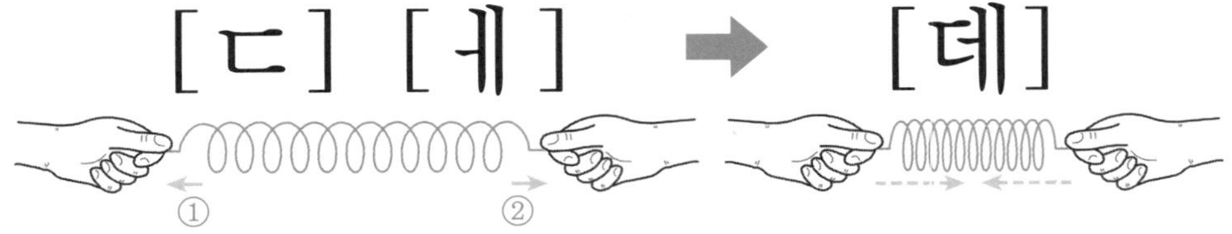

2. 다음 그림처럼 낱자 카드(✂ 〈부록 3쪽〉)를 사용하여 소리를 합쳐 봅시다.

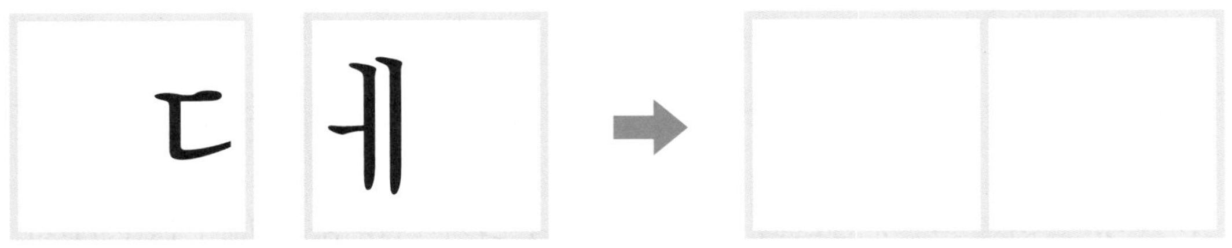

[ㅍ]와 [ㅔ]를 합치면 무슨 글자가 될까요?

1. 용수철을 사용하여 소리를 합쳐 봅시다.

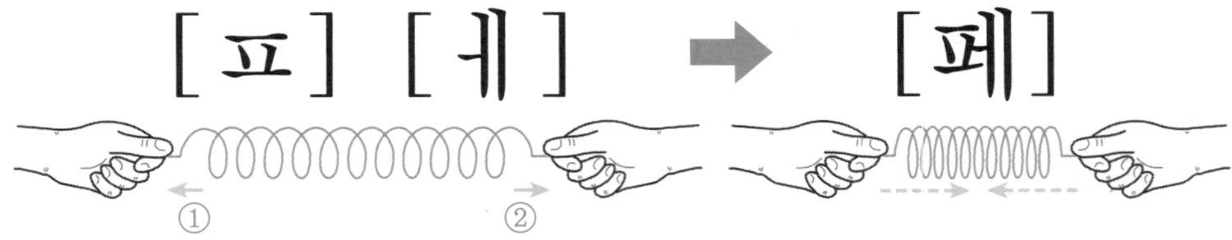

2. 다음 그림처럼 낱자 카드(✂ 〈부록 3쪽〉)를 사용하여 소리를 합쳐 봅시다.

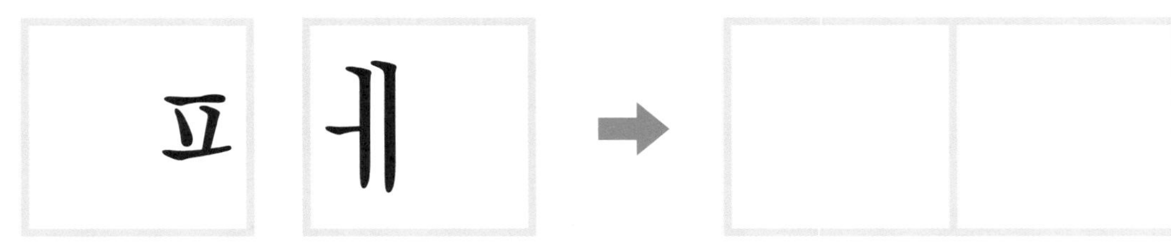

글자를 만들어 봅시다.

 [ㅎ]와 [ㅔ]를 합치면 무슨 글자가 될까요?

1. 용수철을 사용하여 소리를 합쳐 봅시다.

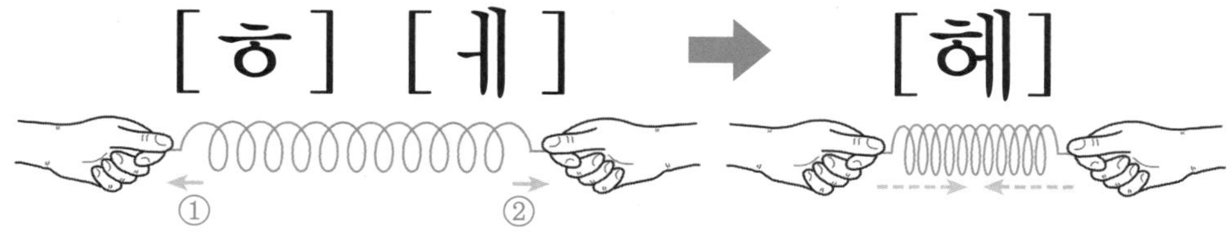

2. 다음 그림처럼 낱자 카드(✂ 〈부록 3쪽〉)를 사용하여 소리를 합쳐 봅시다.

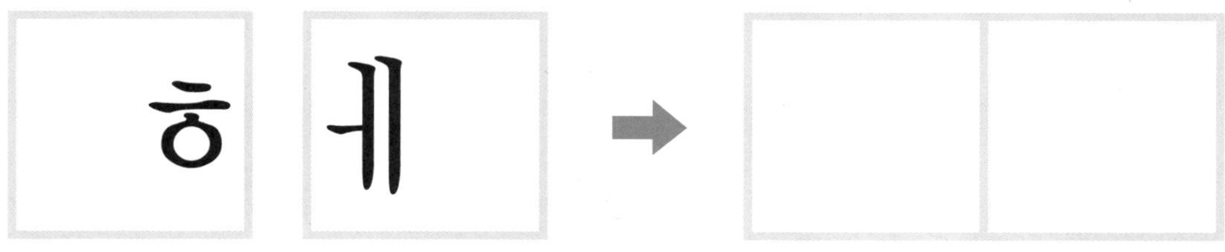

네모 칸에 있는 낱자를 각각 발음해 봅시다. 그다음, 낱자를 합쳐서 글자를 만들어 읽고 써 봅시다.

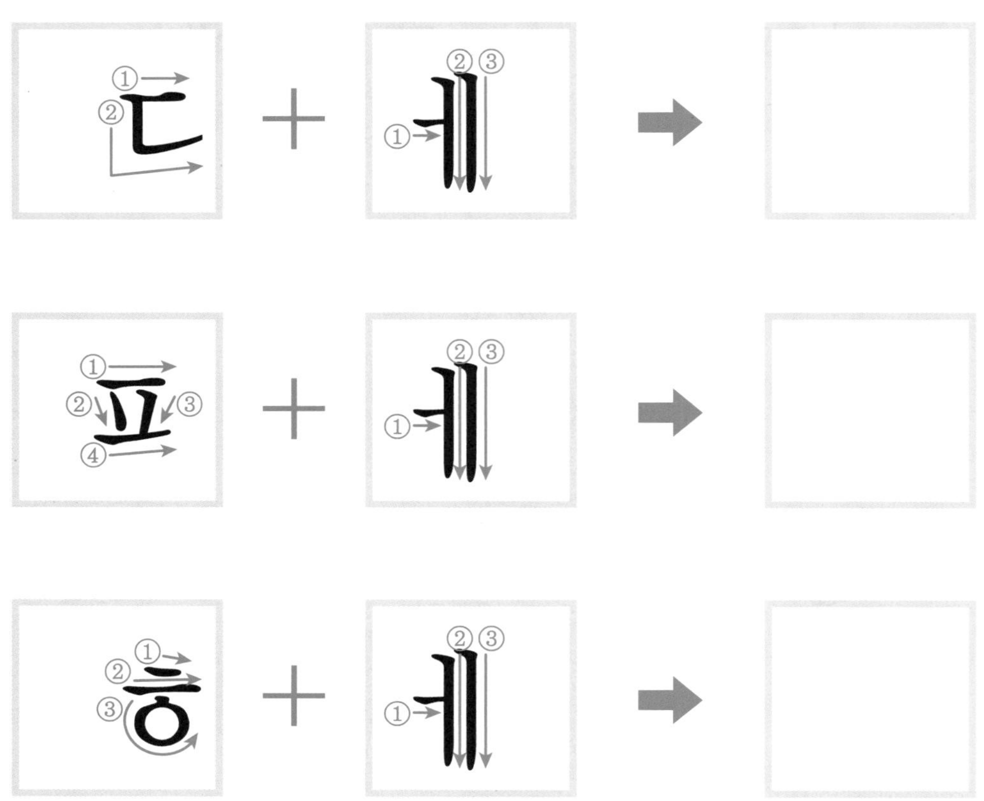

다음의 글자를 각각 발음해 봅시다. 그다음, 글자를 합쳐서 단어를 만들어 쓰고 읽어 봅시다.

○ 데 + 이 + 지 ➡ ☐

○ 데 + 치 + 다 ➡ ☐

○ 데 + 우 + 다 ➡ ☐

○ 데 + 이 + 터 ➡ ☐

○ 오 + 페 + 라 ➡ ☐

○ 페 + 이 + 지 ➡

○ 카 + 페 ➡

○ 헤 + 어 ➡

○ 헤 + 치 + 다 ➡

○ 헤 + 매 + 다 ➡

○ 헤 + 어 + 지 + 다 ➡

〈보기〉의 단어를 소리 내어 읽어 봅시다. 그다음, 각 문장에 알맞은 단어를 〈보기〉에서 찾아 써 봅시다.

● 보기 ●

오페라, 데치다, 데이터, 헤매다, 데우다, 페이지

1. 시금치를 끓는 물에 ☐☐☐.

2. ☐☐☐ 전송 속도가 빠르다.

3. 책의 ☐☐☐를 넘기다.

4. 친구 집을 못 찾아서 길을  .

5. 식은 찌개를 뜨겁게  .

6. 멋진 노래를 들을 수 있는 ☐☐☐ 공연을 좋아한다.

그림을 보고, 단어를 완성해 보세요.

'ㅔ'에 ○를 치면서 각 단어를 읽어 봅시다. 그다음, 각 단어를 가림판으로 가리고 외워서 쓴 후, 맞게 썼는지 확인해 봅시다. 그리고 각 단어를 두 번 더 반복하여 써 봅시다.

'ㅔ'에 ○를 치면서 읽기	기억하여 쓰기	반복 쓰기	반복 쓰기
데이지			
데치다			
데우다			
데이터			
오페라			
페이지			
카페			
헤어			
헤어지다			
헤치다			
헤매다			

빈칸에 알맞은 단어를 골라 적으세요.

1. 나무에 __________가 많이 열려 있다.

① 대추 ② 데추

2. 우유를 따뜻하게 __________.

① 데우다 ② 대우다

3. 사소한 __________로 친구와 싸웠다.

① 오해 ② 오헤

4. 모임이 끝나고 친구와 __________.

① 해어지다 ② 헤어지다

5. 친구의 집을 못 찾아서 길을 __________.

① 헤매다 ② 해매다

6. 시금치를 물에 __________.

① 대치다 ② 데치다

7. 책의 __________를 넘기다.

① 페이지 ② 패이지

빈칸에 알맞은 낱자를 적어 넣어 봅시다.

1. 시금치를 [ㄷ] 치다.

2. 주말에 오 [ㅍ] 라를 봤다.

3. 친구와 [ㅎ] 어지다.

4. 국을 따뜻하게 [ㄷ] 우다.

5. 이 책은 100 [ㅍ] 이지에 달한다.

6. 짧은 [ㅎ] 어 스타일을 바꿔야겠다.

7. 엄마는 카 [ㅍ] 에서 커피를 마셨다.

8. 나는 꽃 중에 [ㄷ] 이지가 제일 좋다.

이전 활동에서 완성한 단어들을 같은 낱자로 시작되는 단어끼리 단어 카드 (✂ 〈부록 11쪽〉)를 사용하여 붙여 봅시다. 그다음, 같은 낱자로 시작되는 단어끼리 소리 내어 읽어 봅시다.

"선생님이 불러 주는 단어를 받아 적는 문제입니다. 잘 듣고, 답안지에 단어를 받아 적어 보세요."

(정답지 p. 304에 평가 문항 제시)

번호	단어
1	
2	
3	
4	
5	
6	
7	
8	

8차시 된소리 자음 ㅃ, 모음 ㅔ: 아빠께

자음 ㅃ, 모음 ㅔ가 포함된 단어를 정확하게 읽고 쓸 수 있다.

"선생님이 불러 주는 단어를 받아 적는 문제입니다. 잘 듣고, 답안지에 단어를 받아 적어 보세요."

(정답지 p. 305에 평가 문항 제시)

번호	단어
1	
2	
3	
4	
5	
6	
7	
8	

수업

제목을 살펴봅시다. 제목에서 자음 'ㅃ'과 모음 'ㅔ'에 ○를 쳐 봅시다.

아 빠 께

낱자의 소리를 알아봅시다.

ㅔ의 소리를 알아봅시다.

1. ㅔ 이것은 '에'입니다. ㅔ는 무슨 소리가 나나요? '에' 소리([ㅔ])가 납니다.

2. 그림을 보면서 ㅔ 소리를 연습해 봅시다.

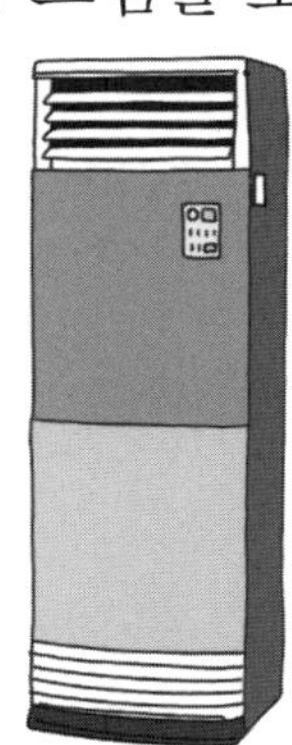

[ㅔ] 에어컨

3. 낱자의 소리를 말하면서 표시된 순서에 따라 써 봅시다.

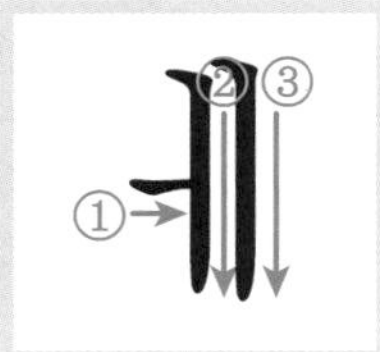

낱자의 소리를 알아봅시다.

 ㅃ의 소리를 알아봅시다.

1. ㅃ 이것은 '쌍비읍'입니다. ㅃ은 무슨 소리가 나나요? '쁘' 소리([ㅃ])가 납니다.

2. 그림을 보면서 ㅃ 소리를 연습해 봅시다.

[ㅃ] 뿌리

3. 낱자의 소리를 말하면서 표시된 순서에 따라 써 봅시다.

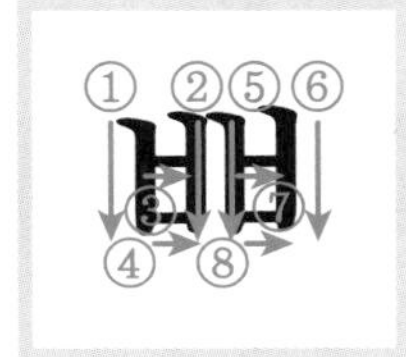

낱자의 소리를 알아봅시다.

 ㄸ의 소리를 알아봅시다.

1. ㄸ 이것은 '쌍디귿'입니다. ㄸ은 무슨 소리가 나나요? '뜨' 소리([뜨])가 납니다.

2. 그림을 보면서 ㄸ 소리를 연습해 봅시다.

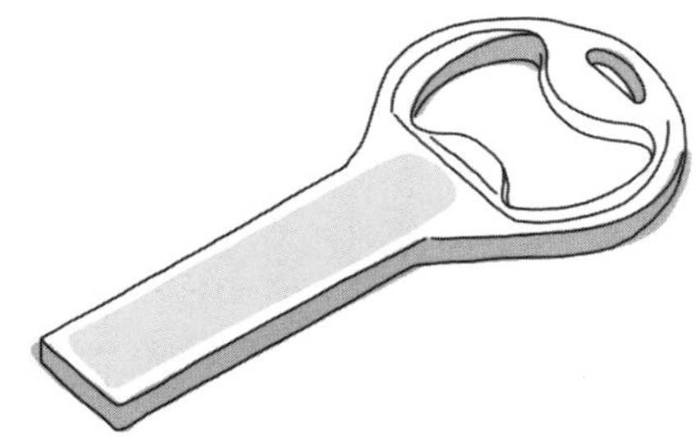

[ㄸ] 따개

3. 낱자의 소리를 말하면서 표시된 순서에 따라 써 봅시다.

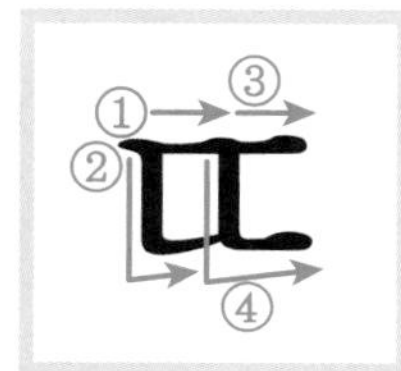

글자를 만들어 봅시다.

[ㄸ]와 [ㅔ]를 합치면 무슨 글자가 될까요?

1. 용수철을 사용하여 소리를 합쳐 봅시다.

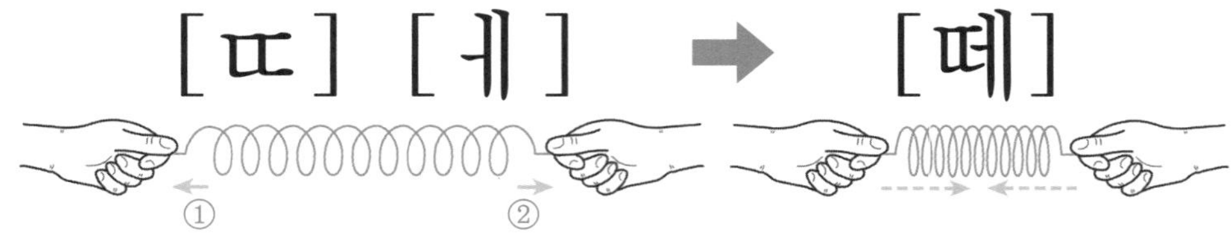

2. 다음 그림처럼 낱자 카드(✄ 〈부록 3쪽〉)를 사용하여 소리를 합쳐 봅시다.

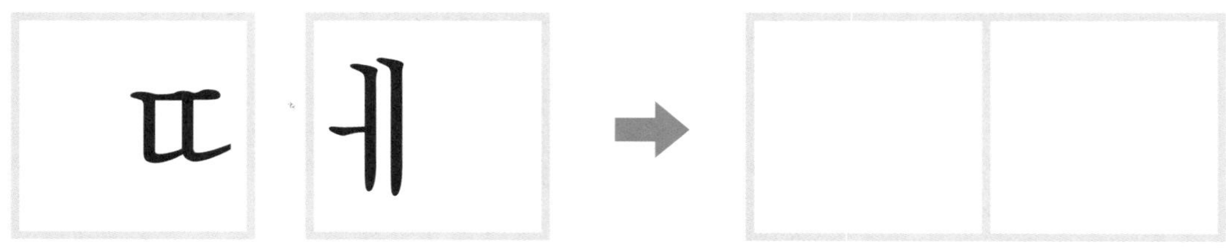

[ㄲ]와 [ㅔ]를 합치면 무슨 글자가 될까요?

1. 용수철을 사용하여 소리를 합쳐 봅시다.

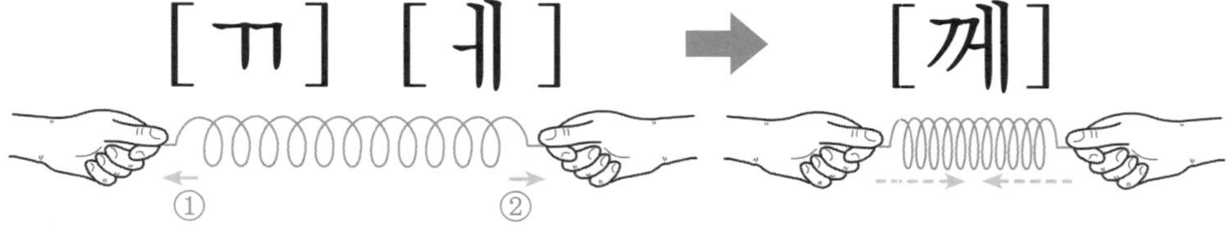

2. 다음 그림처럼 낱자 카드(✄ 〈부록 3쪽〉)를 사용하여 소리를 합쳐 봅시다.

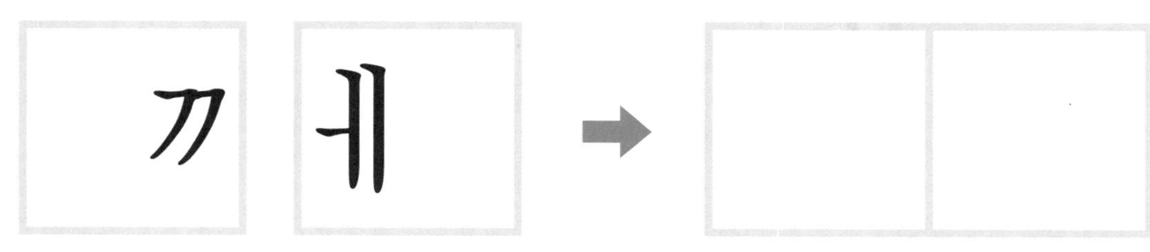

글자를 만들어 봅시다.

 [ㅃ]와 [ㅏ]를 합치면 무슨 글자가 될까요?

1. 용수철을 사용하여 소리를 합쳐 봅시다.

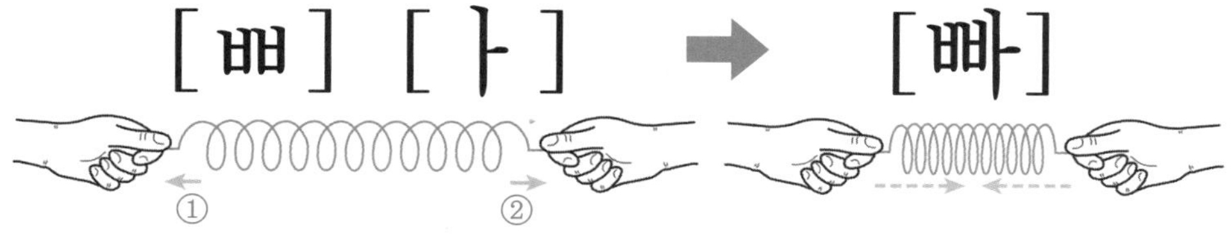

2. 다음 그림처럼 낱자 카드(✂ 〈부록 3쪽〉)를 사용하여 소리를 합쳐 봅시다.

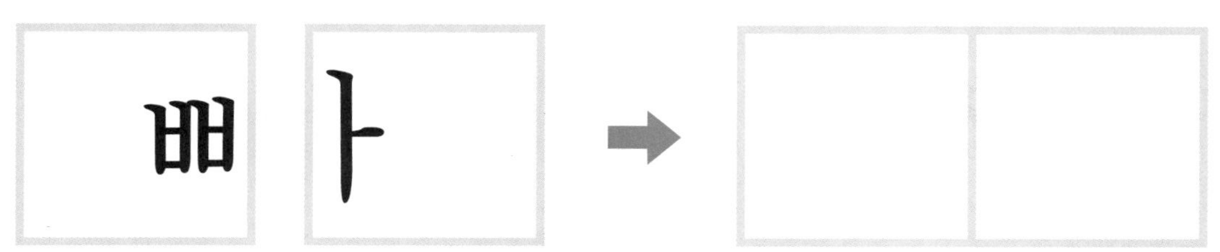

[ㄲ]와 [ㅏ]를 합치면 무슨 글자가 될까요?

1. 용수철을 사용하여 소리를 합쳐 봅시다.

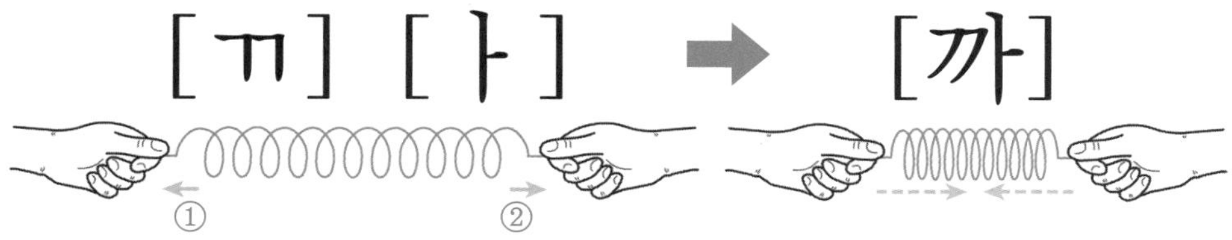

2. 다음 그림처럼 낱자 카드(✂ 〈부록 3쪽〉)를 사용하여 소리를 합쳐 봅시다.

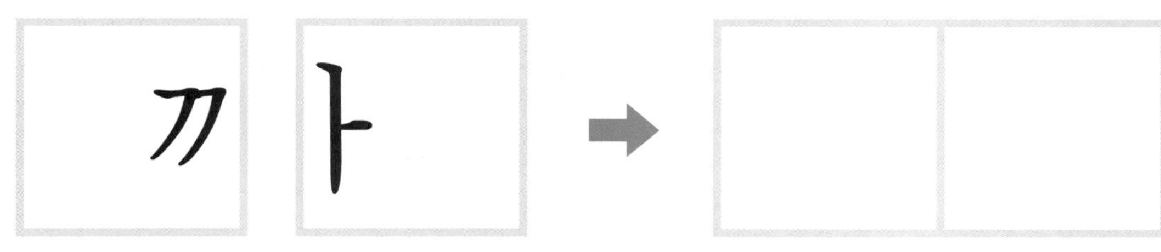

네모 칸에 있는 낱자를 각각 발음해 봅시다. 그다음, 낱자를 합쳐서 글자를 만들어 읽고 써 봅시다.

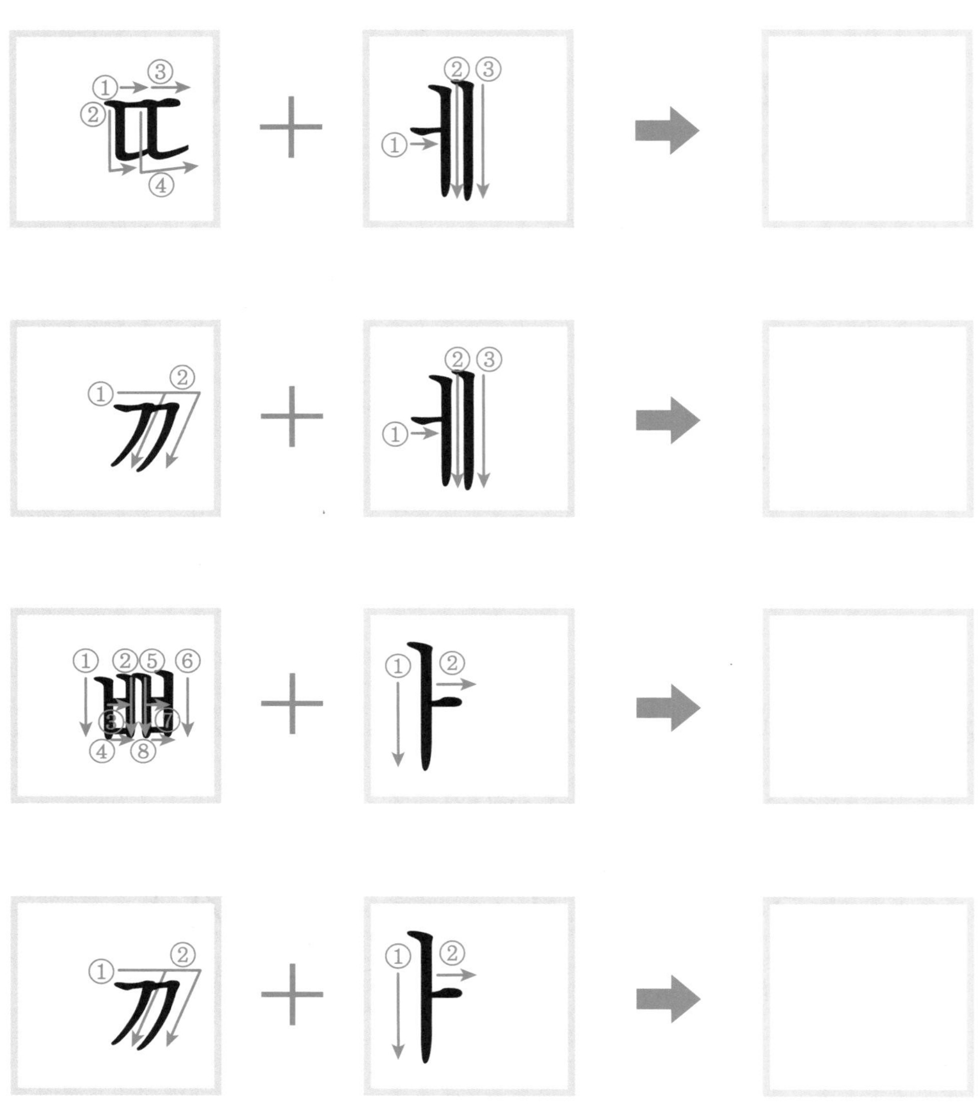

다음의 글자를 각각 발음해 봅시다. 그다음, 글자를 합쳐서 단어를 만들어 쓰고 읽어 봅시다.

○ 떼 + 다 ➡ [ ]

○ 개 + 떼 ➡ [ ]

○ 떼 + 쓰 + 다 ➡ [ ]

○ 개 + 미 + 떼 ➡ [ ]

○ 두 + 께 ➡ [ ]

○ 어 + 저 + 께 ➡ ☐

○ 아 + 빠 + 께 ➡ ☐

○ 오 + 빠 ➡ ☐

○ 빠 + 르 + 다 ➡ ☐

○ 까 + 치 ➡ ☐

○ 그 + 러 + 니 + 까 ➡ ☐

〈보기〉의 단어를 소리 내어 읽어 봅시다. 그다음, 각 문장에 알맞은 단어를 〈보기〉에서 찾아 써 봅시다.

● 보기 ●

떼다, 아빠께, 빠르다, 두께, 떼쓰다, 개떼

1. 책 ☐☐ 가 얇다.

2. 거북이는 느리고, 토끼는 ☐☐☐.

3. 사람들이 ☐☐ 같이 몰렸다.

4. ☐☐☐ 장난감을 사 달라고 ☐☐☐.

5. 아기가 첫걸음을 ☐☐.

8 차시

그림을 보고, 단어를 완성해 보세요.

'ㅃ'과 'ㅔ'에 ○를 치면서 각 단어를 읽어 봅시다. 그다음, 각 단어를 가림판으로 가리고 외워서 쓴 후, 맞게 썼는지 확인해 봅시다. 그리고 각 단어를 두 번 더 반복하여 써 봅시다.

'ㅃ'과 'ㅔ'에 ○를 치면서 읽기	기억하여 쓰기	반복 쓰기	반복 쓰기
떼다			
개떼			
떼쓰다			
개미떼			
두께			
어저께			
아빠께			
오빠			
빠르다			

빈칸에 알맞은 단어를 골라 적으세요.

1. 나는 줄지어 기어가는 ________가 신기하여 한참 동안 보았다.

① 개미떼 ② 개미때

2. 아무에게도 말하지 않을게. ________ 얘기해 줘.

① 그러니가 ② 그러니까

3. ________ 공원에 놀러 갔었다.

① 어저께 ② 어저깨

4. 책 ________가 얇다.

① 두께 ② 두깨

5. 아빠께 장난감을 사 달라고 ________.

① 때쓰다 ② 떼쓰다

빈칸에 알맞은 낱자를 적어 넣어 봅시다.

1. 옷에 붙은 상표를 [ㄸ] 다.

2. 연예인을 보려고 사람들이 개 [ㄸ] 같이 몰렸다.

3. 이 책은 두 [ㄲ] 가 얇다.

4. 장난감을 사 달라고 [ㄸ] 쓰다.

5. 비밀을 지킬게! 그러니 [ㅏ] 얘기해 줘.

6. 그는 바람처럼 [ㅏ] 르다.

7. 적군이 개미 [ㄸ] 처럼 몰려왔다.

8. 어저 [ㄲ] 현장 학습을 다녀왔다.

9. 자전거를 사 달라고 아빠 [ㄲ] 부탁했다.

10. 나는 언니가 한 명 있고, 오 [ㅏ] 도 한 명 있다.

11. [ㅏ] 치가 깍깍 울었다.

이전 활동에서 완성한 단어들을 같은 낱자로 시작되는 단어끼리 단어 카드(✂ 〈부록 11쪽〉)를 사용하여 붙여 봅시다. 그다음, 같은 낱자로 시작되는 단어끼리 소리 내어 읽어 봅시다.

ㄱ				
ㄲ				
ㄷ				
ㄸ				
ㅃ				
ㅇ				

"선생님이 불러 주는 단어를 받아 적는 문제입니다. 잘 듣고, 답안지에 단어를 받아 적어 보세요."

(정답지 p. 305에 평가 문항 제시)

번호	단어
1	
2	
3	
4	
5	
6	
7	
8	

9차시 된소리 자음 ㅆ, 모음 ㅔ: 쓰레기

학습목표

자음 ㅆ, 모음 ㅔ가 포함된 단어를 정확하게 읽고 쓸 수 있다.

사전평가

"선생님이 불러 주는 단어를 받아 적는 문제입니다. 잘 듣고, 답안지에 단어를 받아 적어 보세요."

(정답지 p. 306에 평가 문항 제시)

번호	단어
1	
2	
3	
4	
5	
6	
7	
8	

수업

제목을 살펴봅시다. 제목에서 자음 'ㅆ'과 모음 'ㅔ'에 ○를 쳐 봅시다.

쓰 레 기

낱자의 소리를 알아봅시다.

ㅆ의 소리를 알아봅시다.

1. ㅆ 이것은 '쌍시옷'입니다. ㅆ은 무슨 소리가 나나요? '쓰' 소리([ㅆ])가 납니다.

2. 그림을 보면서 ㅆ 소리를 연습해 봅시다.

[ㅆ] 쓰레기

3. 낱자의 소리를 말하면서 표시된 순서에 따라 써 봅시다.

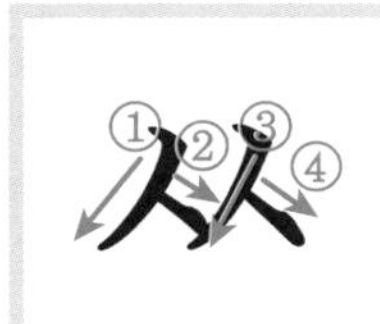

낱자의 소리를 알아봅시다.

ㅔ의 소리를 알아봅시다.

1. ㅔ 이것은 '에'입니다. ㅔ는 무슨 소리가 나나요? '에' 소리([ㅔ])가 납니다.

2. 그림을 보면서 ㅔ 소리를 연습해 봅시다.

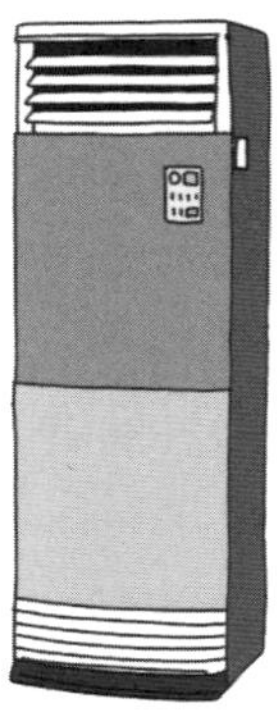

[ㅔ] 에어컨

3. 낱자의 소리를 말하면서 표시된 순서에 따라 써 봅시다.

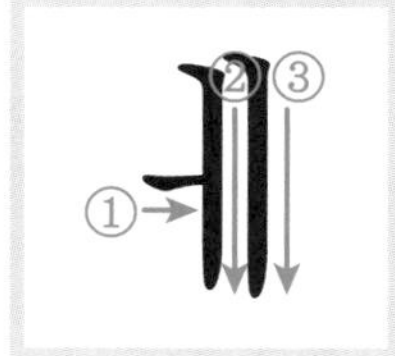

글자를 만들어 봅시다.

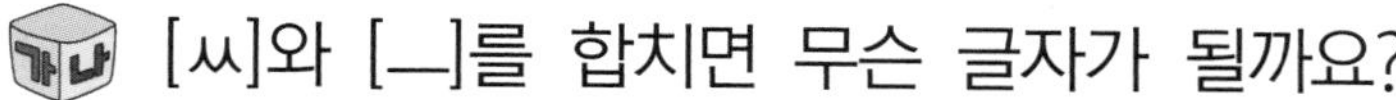

1. 용수철을 사용하여 소리를 합쳐 봅시다.

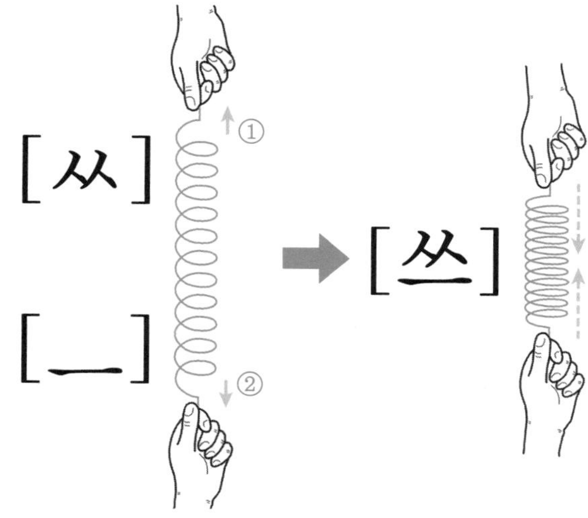

2. 다음 그림처럼 낱자 카드(✄ 〈부록 4쪽〉)를 사용하여 소리를 합쳐 봅시다.

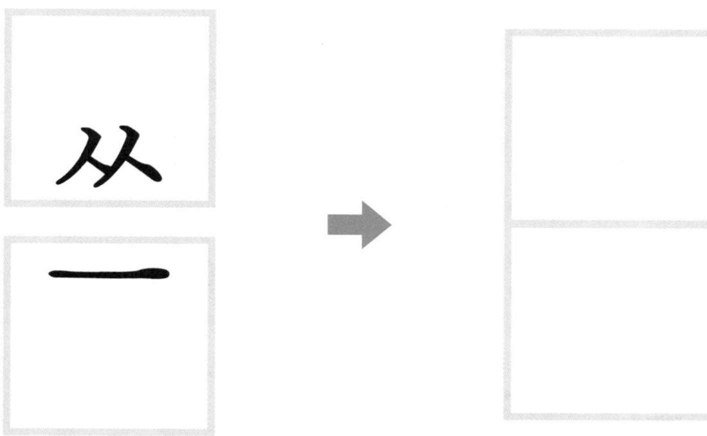

글자를 만들어 봅시다.

 [ㅆ]와 [ㅣ]를 합치면 무슨 글자가 될까요?

1. 용수철을 사용하여 소리를 합쳐 봅시다.

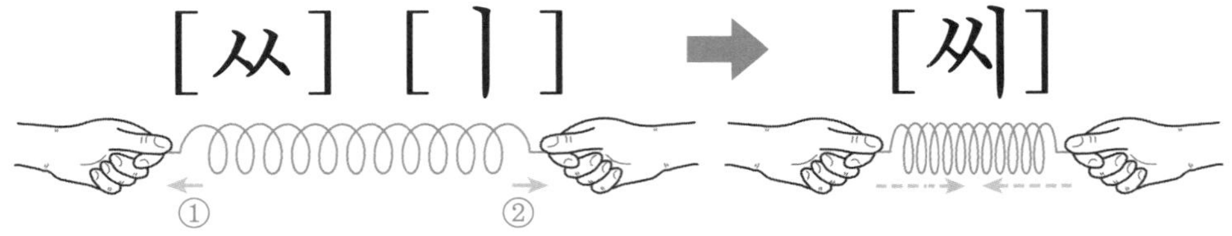

2. 다음 그림처럼 낱자 카드(✂ 〈부록 4쪽〉)를 사용하여 소리를 합쳐 봅시다.

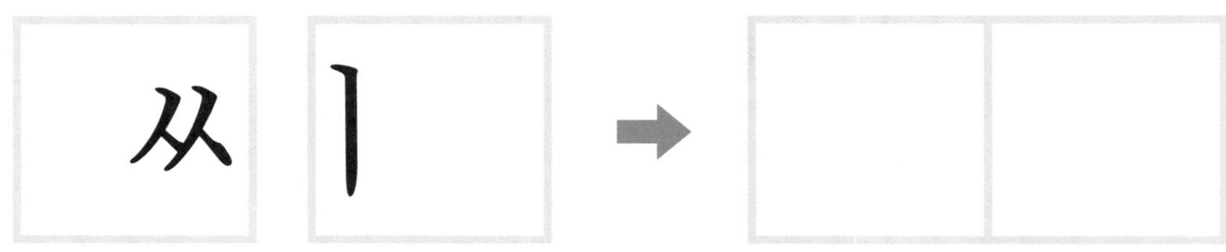

[ㄹ]와 [ㅔ]를 합치면 무슨 글자가 될까요?

1. 용수철을 사용하여 소리를 합쳐 봅시다.

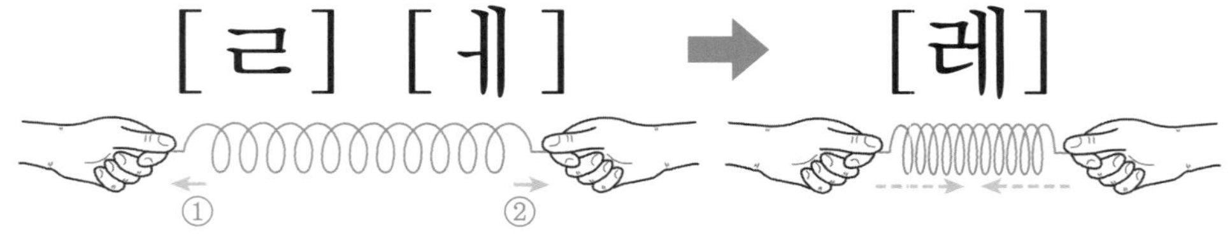

2. 다음 그림처럼 낱자 카드(✂ 〈부록 4쪽〉)를 사용하여 소리를 합쳐 봅시다.

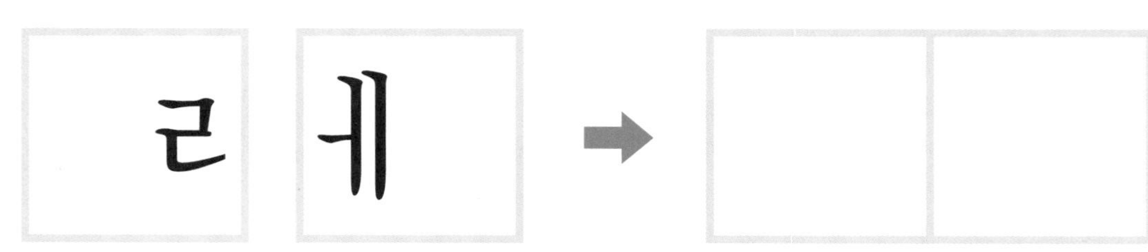

글자를 만들어 봅시다.

 [ㄱ]와 [ㅔ]를 합치면 무슨 글자가 될까요?

1. 용수철을 사용하여 소리를 합쳐 봅시다.

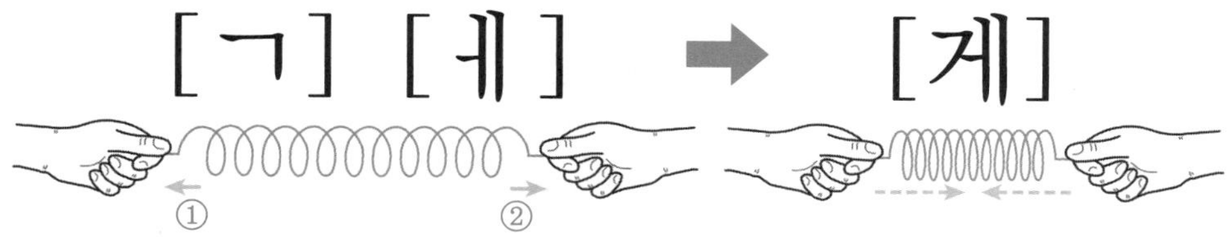

2. 다음 그림처럼 낱자 카드(✂ 〈부록 4쪽〉)를 사용하여 소리를 합쳐 봅시다.

네모 칸에 있는 낱자를 각각 발음해 봅시다. 그다음, 낱자를 합쳐서 글자를 만들어 읽고 써 봅시다.

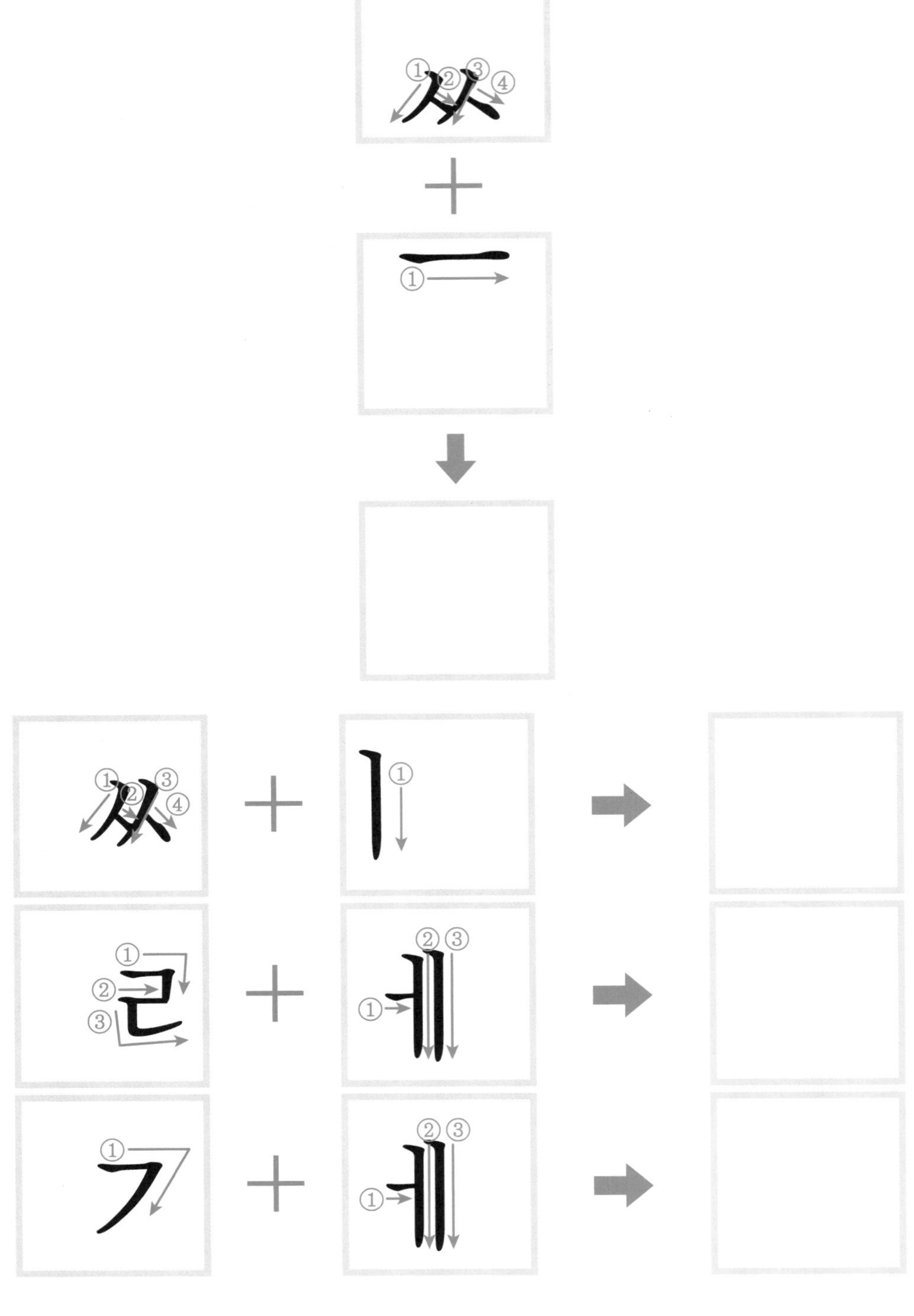

다음의 글자를 각각 발음해 봅시다. 그다음, 글자를 합쳐서 단어를 만들어 쓰고 읽어 봅시다.

○ 쓰 + 다 → ☐

○ 쓰 + 디 + 쓰 + 다 → ☐

○ 띄 + 어 + 쓰 + 기 → ☐

○ 모 + 레 → ☐

○ 드 + 레 + 스 → ☐

○ 레 + 코 + 드 → ☐

○ 아 + 저 + 씨 ➡ [ ]

○ 보 + 리 + 씨 ➡ [ ]

○ 지 + 게 ➡ [ ]

○ 무 + 게 ➡ [ ]

○ 세 + 게 ➡ [ ]

○ 게 + 으 + 르 + 다 ➡ [ ]

〈보기〉의 단어를 소리 내어 읽어 봅시다. 그다음, 각 문장에 알맞은 단어를 〈보기〉에서 찾아 써 봅시다.

● 보기 ●

무게, 게으르다, 레코드, 세계, 쓰다, 보리씨, 쓰디쓰다

1. 약 맛이 ☐☐☐☐.
2. 모자를 ☐☐.
3. 농부가 ☐☐☐를 뿌렸다.
4. 도는 하얀 도화지, 레는 둥근 ☐☐☐.
5. 바람까지 ☐☐ 불었다.
6. 동생은 부지런하고 형은 ☐☐☐☐.
7. 이 가방은 ☐☐가 너무 많이 나간다.

그림을 보고, 단어를 완성해 보세요.

1. 	드 □ 스
2. 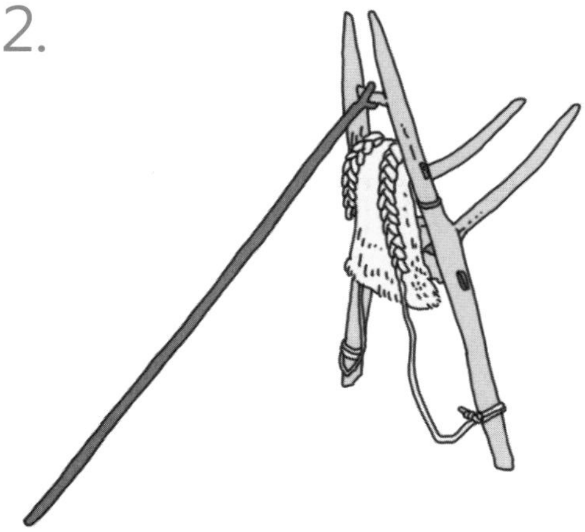	지 □
3. 	아저 □

'ㅆ'과 'ㅔ'에 ○를 치면서 각 단어를 읽어 봅시다. 그다음, 각 단어를 가림판으로 가리고 외워서 쓴 후, 맞게 썼는지 확인해 봅시다. 그리고 각 단어를 두 번 더 반복하여 써 봅시다.

'ㅆ'과 'ㅔ'에 ○를 치면서 읽기	기억하여 쓰기	반복 쓰기	반복 쓰기
쓰다			
쓰디쓰다			
띄어쓰기			
모레			
드레스			
레코드			
아저씨			
보리씨			
지게			
게으르다			
무게			
세게			

빈칸에 알맞은 단어를 골라 적으세요.

1. 내일 __________는 소풍 가는 날이다.

① 모래 ② 모레

2. 날씨가 흐리고 바람까지 __________ 불었다.

① 새개 ② 세게

3. 동생은 부지런하고, 형은 __________.

① 게으르다 ② 개으르다

4. 가방 __________를 줄이기 위해 책을 더러 뺐다.

① 무게 ② 무개

5. 글을 쓸 때 __________를 해야 한다.

① 띄어쓰기 ② 띠어쓰기

빈칸에 알맞은 낱자를 적어 넣어 봅시다.

1. 약이 [ㅆ] 디 [ㅆ] 다.

2. 일기를 [ㅆ] 다.

3. 내일 모 [ㄹ] 부터 방학이다.

4. 연주회 때 드 [ㄹ] 스를 입었다.

5. 국군 아저 [ㅣ] 들께서 우리나라를 지켜 주신다.

6. 나는 공을 [ㅅ] 게 던졌다.

7. 나무꾼은 지 [ㄱ] 를 지고 산에 나무를 하러 갔다.

8. 나는 감자의 무 [ㄱ] 를 저울에 달았다.

이전 활동에서 완성한 단어들을 같은 낱자로 시작되는 단어끼리 단어 카드 (✂ 〈부록 11쪽〉)를 사용하여 붙여 봅시다. 그다음, 같은 낱자로 시작되는 단어끼리 소리 내어 읽어 봅시다.

ㄷ				
ㅁ				
ㅅ				
ㅆ				
ㅇ				
ㅈ				

"선생님이 불러 주는 단어를 받아 적는 문제입니다. 잘 듣고, 답안지에 단어를 받아 적어 보세요."

(정답지 p. 306에 평가 문항 제시)

번호	단어
1	
2	
3	
4	
5	
6	
7	
8	

10차시 모음 ㅛ: 교사

학습목표

모음 ㅛ가 포함된 단어를 정확하게 읽고 쓸 수 있다.

사전평가

"선생님이 불러 주는 단어를 받아 적는 문제입니다. 잘 듣고, 답안지에 단어를 받아 적어 보세요."

(정답지 p. 307에 평가 문항 제시)

번호	단어
1	
2	
3	
4	
5	
6	
7	
8	

수업

제목을 살펴봅시다. 제목에서 모음 'ㅛ'에 ○를 쳐 봅시다.

교 사

낱자의 소리를 알아봅시다.

ㅛ의 소리를 알아봅시다.

1. ㅛ 이것은 '요'입니다. ㅛ는 무슨 소리가 나나요? '요' 소리([ㅛ])가 납니다.

2. 그림을 보면서 ㅛ 소리를 연습해 봅시다.

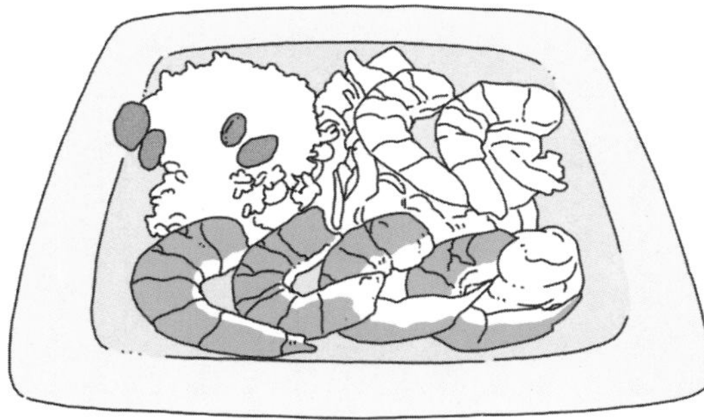

[ㅛ] 요리

3. 낱자의 소리를 말하면서 표시된 순서에 따라 써 봅시다.

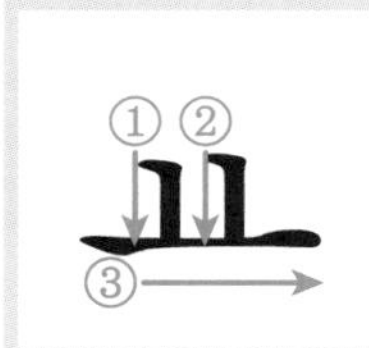

글자를 만들어 봅시다.

[ㅇ]과 [ㅛ]를 합치면 무슨 글자가 될까요?

1. 다음 그림처럼 낱자 카드(✂ 〈부록 4쪽〉)를 합치면서 발음해 봅시다. 'ㅇ'은 글자 앞에 쓰일 때(초성일 때), 아무 소리도 나지 않습니다.

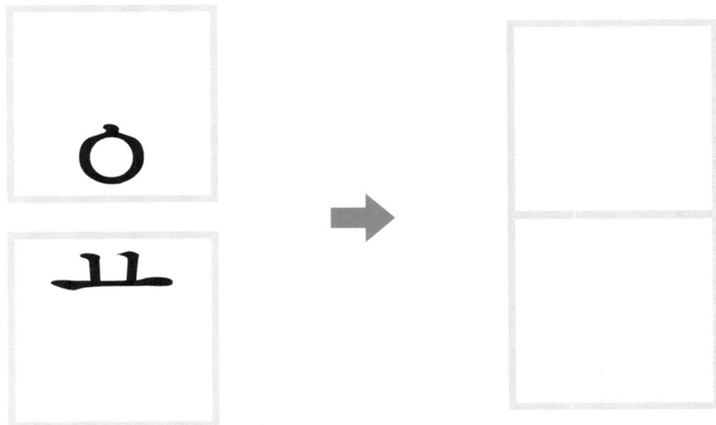

글자를 만들어 봅시다.

 [ㄹ]와 [ㅛ]를 합치면 무슨 글자가 될까요?

1. 용수철을 사용하여 소리를 합쳐 봅시다.

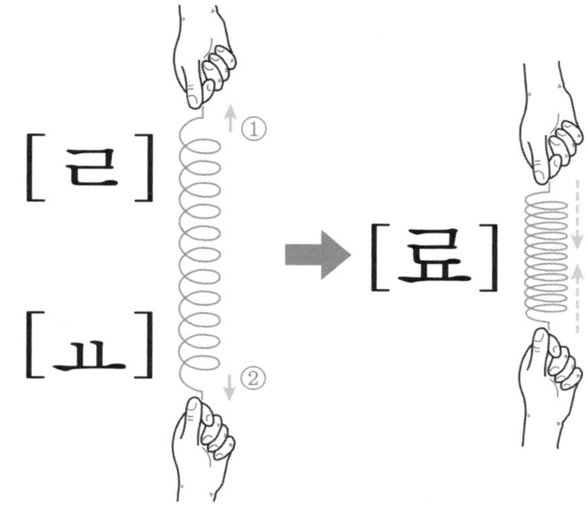

2. 다음 그림처럼 낱자 카드(✂ 〈부록 4쪽〉)를 사용하여 소리를 합쳐 봅시다.

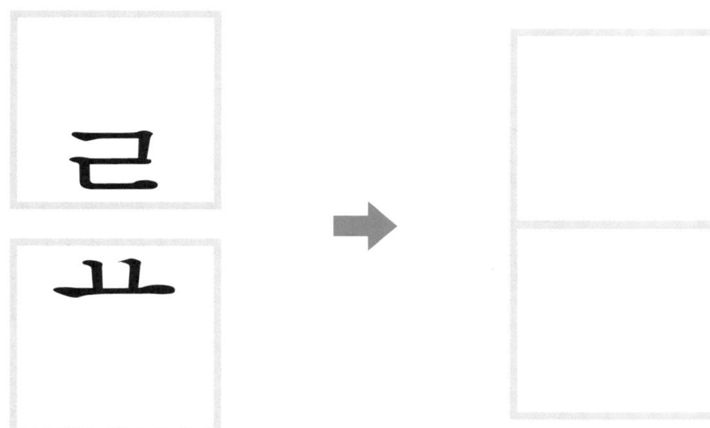

글자를 만들어 봅시다.

 [ㄱ]와 [ㅛ]를 합치면 무슨 글자가 될까요?

1. 용수철을 사용하여 소리를 합쳐 봅시다.

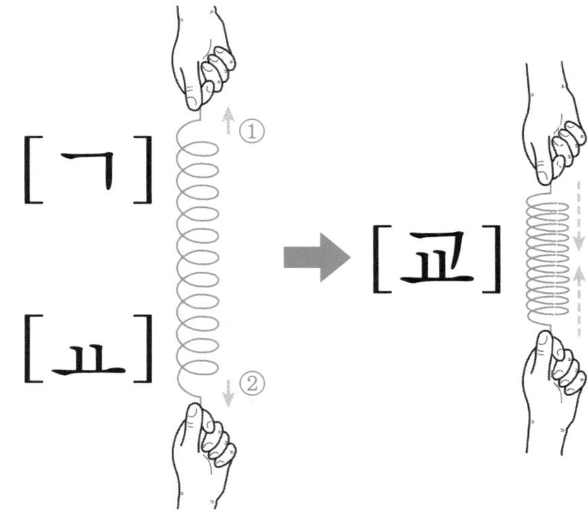

2. 다음 그림처럼 낱자 카드(✂ 〈부록 4쪽〉)를 사용하여 소리를 합쳐 봅시다.

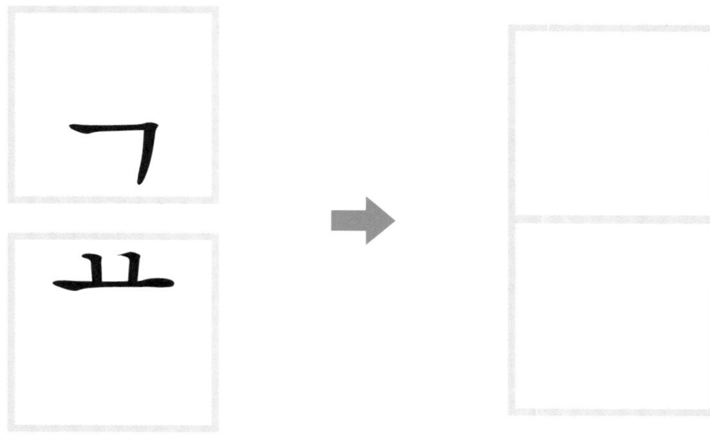

네모 칸에 있는 낱자를 각각 발음해 봅시다. 그다음, 낱자를 합쳐서 글자를 만들어 읽고 써 봅시다.

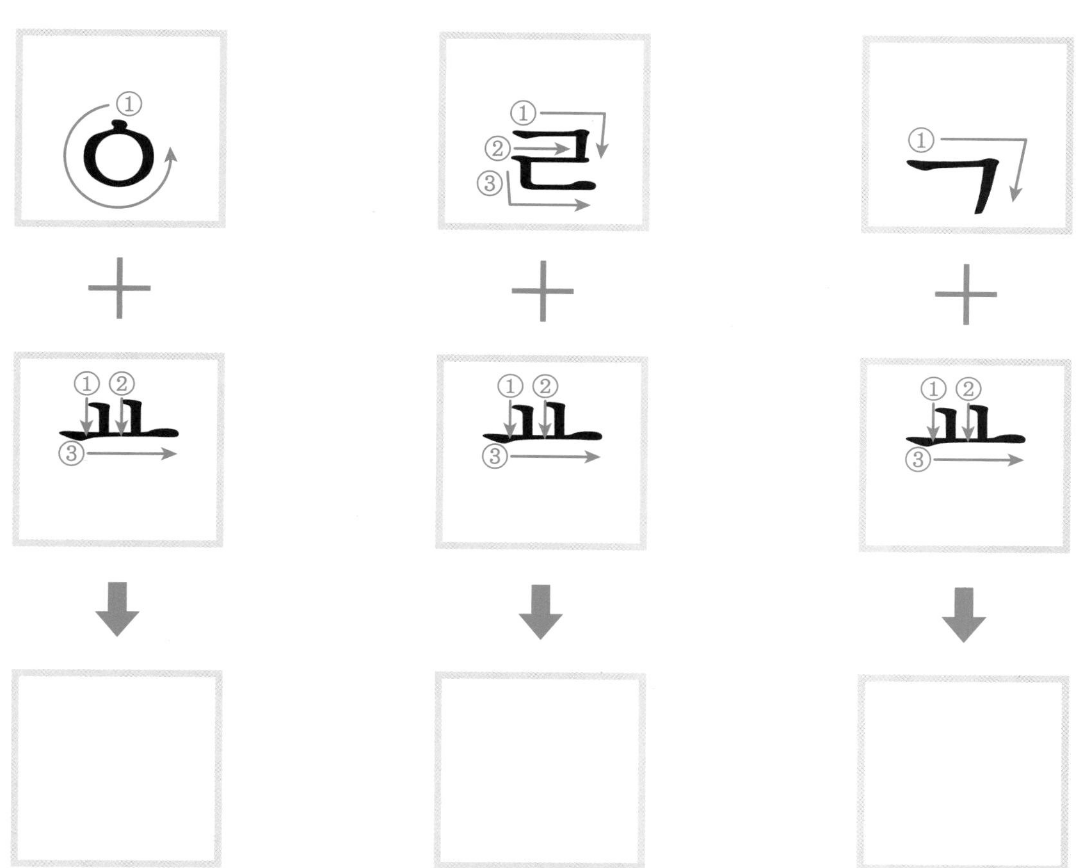

다음의 글자를 각각 발음해 봅시다. 그다음, 글자를 합쳐서 단어를 만들어 쓰고 읽어 봅시다.

○ 요 + 리 ➡ [ ]

○ 요 + 가 ➡ [ ]

○ 교 + 사 ➡ [ ]

○ 교 + 재 ➡ [ ]

○ 개 + 교 ➡ [ ]

○ 무 + 료 →

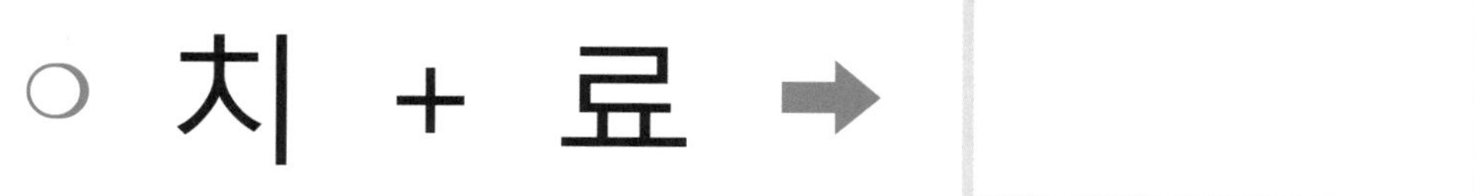

○ 치 + 료 →

○ 의 + 료 →

○ 자 + 료 →

○ 재 + 료 →

○ 조 + 미 + 료 →

〈보기〉의 단어를 소리 내어 읽어 봅시다. 그다음, 각 문장에 알맞은 단어를 〈보기〉에서 찾아 써 봅시다.

● 보기 ●

의료, 재료, 치료, 교재, 개교, 무료

1. 요리에 필요한 음식 [ ][ ] 를 샀다.
2. 아파서 병원에서 [ ][ ] 를 받았다.
3. 오늘은 [ ][ ] 기념일이라 학교를 안 간다.
4. 요즘에는 좋은 외국어 학습 [ ][ ] 가 많다.
5. 아프리카에 가서 [ ][ ] 봉사를 했다.
6. 새로 문을 연 빵집에서 [ ][ ] 로 빵을 나눠 주었다.

그림을 보고, 단어를 완성해 보세요.

'ㅛ'에 ○를 치면서 각 단어를 읽어 봅시다. 그다음, 각 단어를 가림판으로 가리고 외워서 쓴 후, 맞게 썼는지 확인해 봅시다. 그리고 각 단어를 두 번 더 반복하여 써 봅시다.

'ㅛ'에 ○를 치면서 읽기	기억하여 쓰기	반복 쓰기	반복 쓰기
요리			
요가			
교사			
교재			
개교			
무료			
치료			
의료			
자료			
재료			
조미료			

빈칸에 알맞은 단어를 골라 적으세요.

1. 미술 시간에 필요한 ________를 샀다.

① 재료 ② 제료

2. 나는 ________ 급식 봉사를 하고 있다.

① 무료 ② 무류

3. 나는 운동으로 ________를 배우고 있다.

① 유가 ② 요가

4. 나는 감기가 걸려서 ________를 받았다.

① 치료 ② 치로

5. 숙제를 하기 위해 ________를 인터넷에서 찾았다.

① 자로 ② 자료

6. 나의 꿈은 ________가 되는 것이다.

① 교사 ② 고사

빈칸에 알맞은 낱자를 적어 넣어 봅시다.

1. 우리 엄마는 ㅇ 리를 잘하신다.
2. 음식 재 ㄹ 를 사러 시장에 갔다.
3. 영어 학습 ㄱ 재가 많이 팔린다.
4. 우리 학교는 개 ㄱ 한 지 80년이 되었다.
5. 학교 앞에서 무 ㄹ 로 풍선을 나눠 주었다.
6. 음식에 조미 ㄹ 를 너무 많이 넣지 마세요.
7. 의 ㄹ 보험 카드를 갖고 병원에 가다.
8. 병을 치 ㄹ 하다.
9. 우리 언니는 국어 ㄱ 사이다.

이전 활동에서 완성한 단어들을 같은 낱자로 시작되는 단어끼리 단어 카드(✂ 〈부록 11쪽〉)를 사용하여 붙여 봅시다. 그다음, 같은 낱자로 시작되는 단어끼리 소리 내어 읽어 봅시다.

ㄱ				
ㅁ				
ㅇ				
ㅈ				
ㅊ				

"선생님이 불러 주는 단어를 받아 적는 문제입니다. 잘 듣고, 답안지에 단어를 받아 적어 보세요."

(정답지 p. 307에 평가 문항 제시)

번호	단어
1	
2	
3	
4	
5	
6	
7	
8	

11차시 된소리 자음 ㅃ, 모음 ㅕ: 뼈마디

자음 ㅃ, 모음 ㅕ가 포함된 단어를 정확하게 읽고 쓸 수 있다.

"선생님이 불러 주는 단어를 받아 적는 문제입니다. 잘 듣고, 답안지에 단어를 받아 적어 보세요."

(정답지 p. 308에 평가 문항 제시)

번호	단어
1	
2	
3	
4	
5	
6	
7	
8	

수업

제목을 살펴봅시다. 제목에서 자음 'ㅃ'과 모음 'ㅕ'에 ○를 쳐 봅시다.

뼈　마　디

낱자의 소리를 알아봅시다.

ㅕ의 소리를 알아봅시다.

1. ㅕ 이것은 '여'입니다. ㅕ는 무슨 소리가 나나요? '여' 소리([ㅕ])가 납니다.

2. 그림을 보면서 ㅕ 소리를 연습해 봅시다.

[ㅕ] 여자

3. 낱자의 소리를 말하면서 표시된 순서에 따라 써 봅시다.

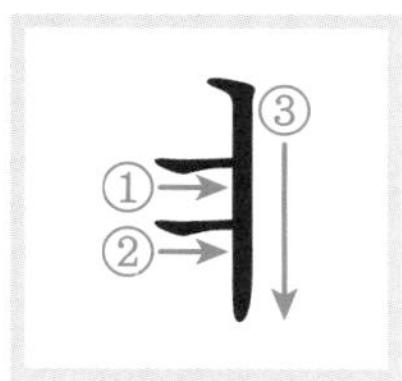

낱자의 소리를 알아봅시다.

ㅃ의 소리를 알아봅시다.

1. ㅃ 이것은 '쌍비읍'입니다. ㅃ은 무슨 소리가 나나요? '쁘' 소리([ㅃ])가 납니다.

2. 그림을 보면서 ㅃ 소리를 연습해 봅시다.

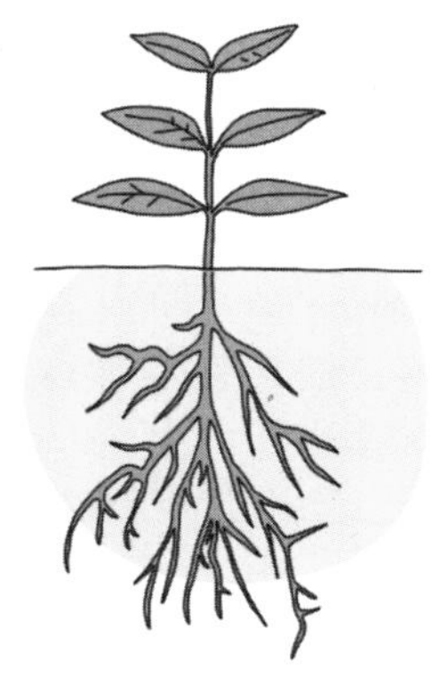

[ㅃ] 뿌리

3. 낱자의 소리를 말하면서 표시된 순서에 따라 써 봅시다.

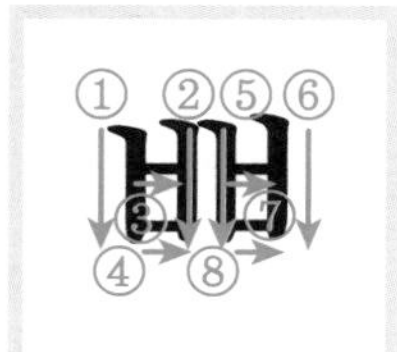

글자를 만들어 봅시다.

 [ㅃ]와 [ㅕ]를 합치면 무슨 글자가 될까요?

1. 용수철을 사용하여 소리를 합쳐 봅시다.

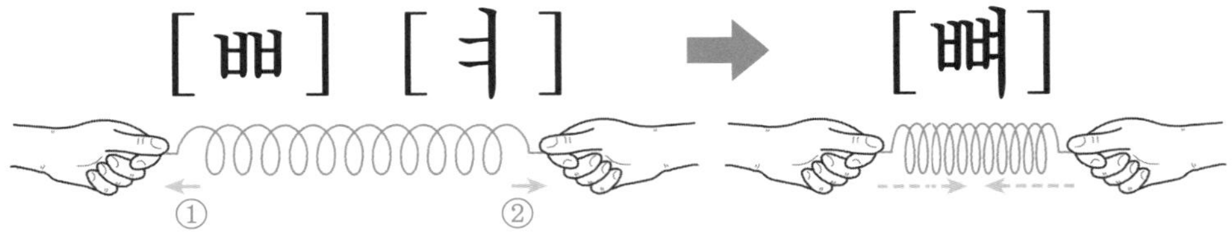

2. 다음 그림처럼 낱자 카드(✄ 〈부록 5쪽〉)를 사용하여 소리를 합쳐 봅시다.

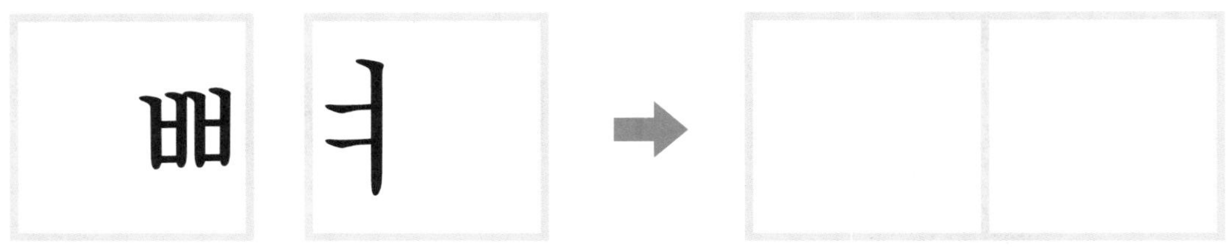

[ㅃ]와 [ㅏ]를 합치면 무슨 글자가 될까요?

1. 용수철을 사용하여 소리를 합쳐 봅시다.

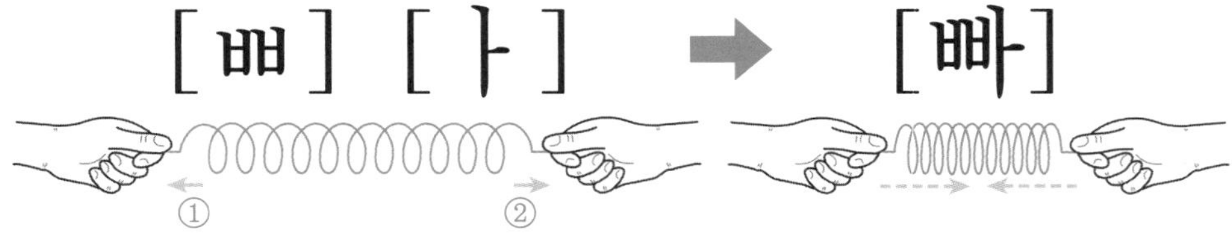

2. 다음 그림처럼 낱자 카드(✄ 〈부록 5쪽〉)를 사용하여 소리를 합쳐 봅시다.

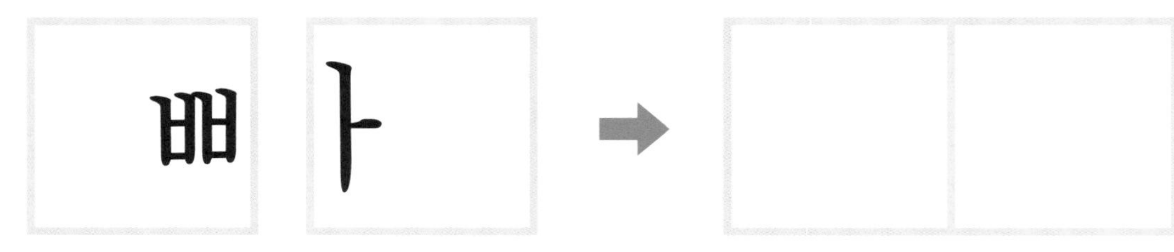

글자를 만들어 봅시다.

 [ㅃ]와 [ㅣ]를 합치면 무슨 글자가 될까요?

1. 용수철을 사용하여 소리를 합쳐 봅시다.

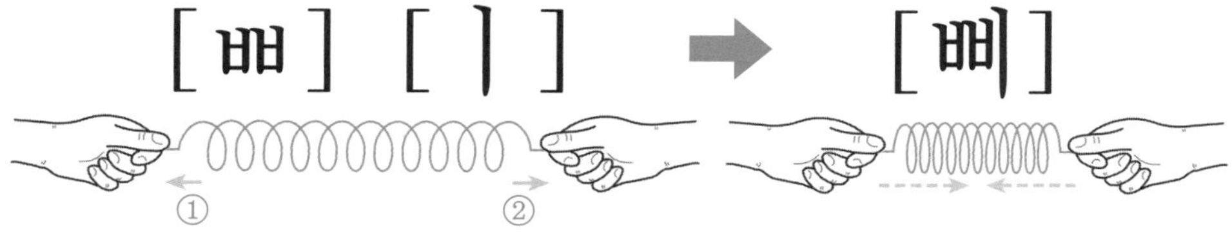

2. 다음 그림처럼 낱자 카드(✂ 〈부록 5쪽〉)를 사용하여 소리를 합쳐 봅시다.

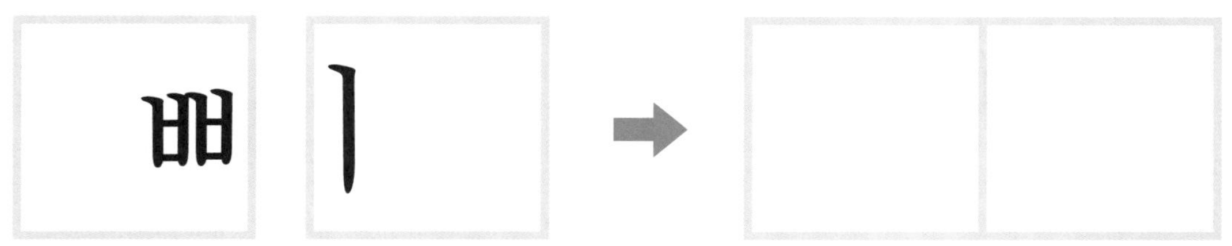

[ㅁ]와 [ㅕ]를 합치면 무슨 글자가 될까요?

1. 용수철을 사용하여 소리를 합쳐 봅시다.

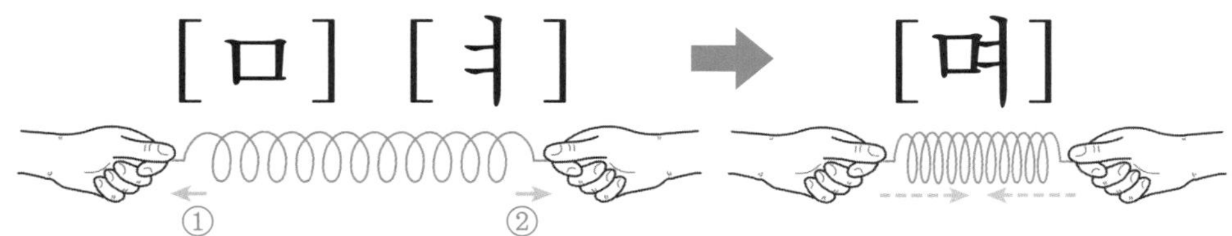

2. 다음 그림처럼 낱자 카드(✂ 〈부록 5쪽〉)를 사용하여 소리를 합쳐 봅시다.

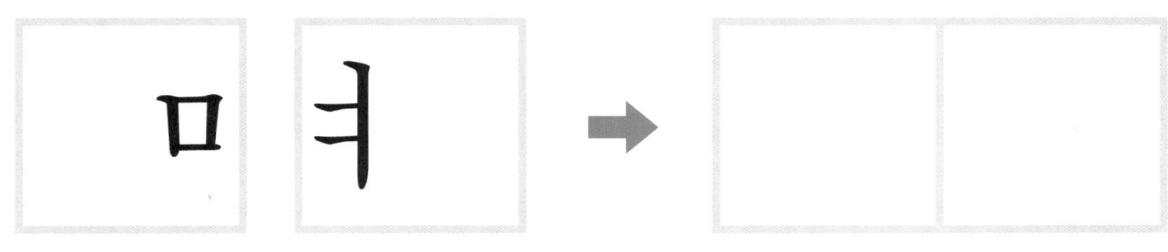

다음의 글자를 각각 발음해 봅시다. 그다음, 글자를 합쳐서 단어를 만들어 쓰고 읽어 봅시다.

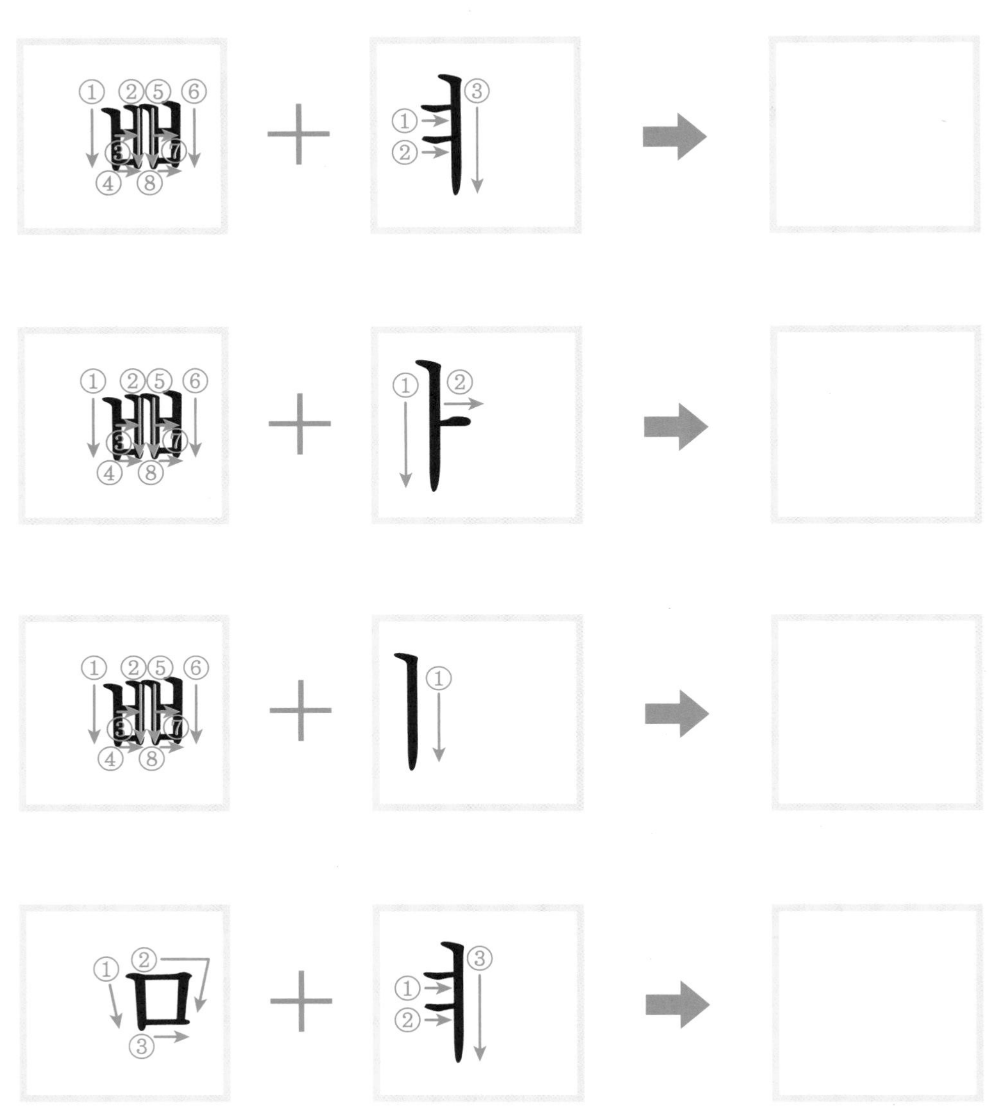

다음의 글자를 발음해 봅시다. 그다음, 글자를 합쳐서 단어를 만들어 쓰고 읽어 봅시다.

○ 바 + 삐 → ☐

○ 삐 + 다 → ☐

○ 삐 + 치 + 다 → ☐

○ 며 + 느 + 리 → ☐

○ 꾸 + 며 + 대 + 다 → ☐

○ 지 + 키 + 며 →

○ 다 + 리 + 뼈 →

○ 어 + 깨 + 뼈 →

○ 뼈 + 마 + 디 →

○ 뼈 + 대 →

○ 뿌 + 려 + 지 + 다 →

〈보기〉의 단어를 소리 내어 읽어 봅시다. 그다음, 각 문장에 알맞은 단어를 〈보기〉에서 찾아 써 봅시다.

● 보기 ●

뼈대, 지키며, 바빠, 삐치다, 삐다

1. 별것 아닌 일에  .

2. 늦지 않으려고 [ ][ ] 서둘렀다.

3. 달리기를 하다가 발을  .

4. 군인들은 나라를  애를 쓰신다.

5. 나는 [ ][ ] 가 굵고 키가 크다.

그림을 보고, 단어를 완성해 보세요.

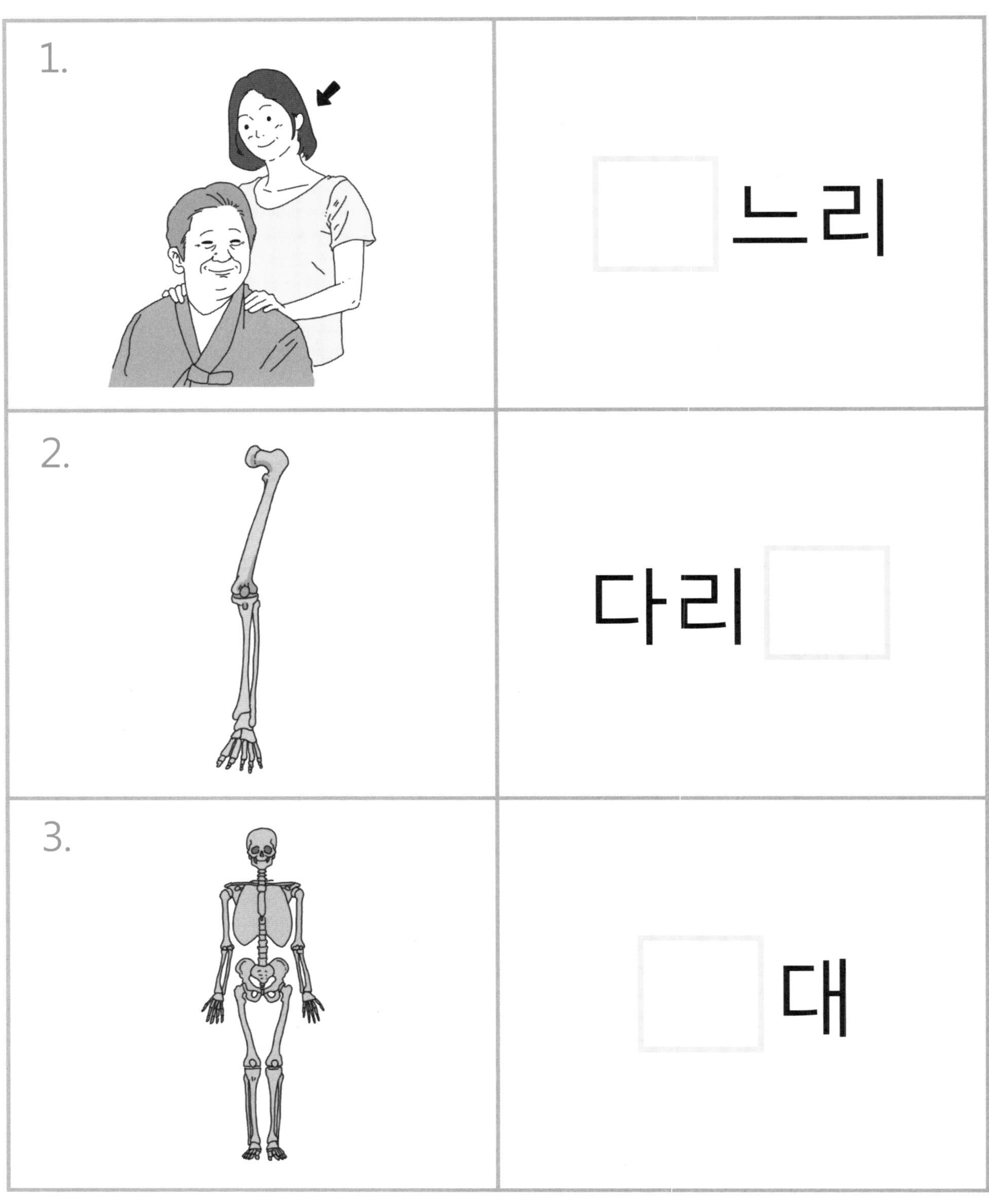

'ㅃ'과 'ㅕ'에 ○를 치면서 각 단어를 읽어 봅시다. 그다음, 각 단어를 가림판으로 가리고 외워서 쓴 후, 맞게 썼는지 확인해 봅시다. 그리고 각 단어를 두 번 더 반복하여 써 봅시다.

'ㅃ'과 'ㅕ'에 ○를 치면서 읽기	기억하여 쓰기	반복 쓰기	반복 쓰기
바삐			
삐다			
삐치다			
며느리			
꾸며대다			
지키며			
다리뼈			
어깨뼈			
뼈마디			
뼈대			
뿌려지다			

빈칸에 알맞은 단어를 골라 적으세요.

1. 거짓말을 ________.

① 꾸며대다 ② 꾸며데다

2. 일을 많이 했더니 ________가 아프다.

① 어깨뼈 ② 어께뼈

3. 시원한 물줄기가 나무에서 ________.

① 뿌여지다 ② 뿌려지다

4. 오빠는 ________가 굵고 키가 크다.

① 뼈대 ② 뼈데

5. 내 동생은 자주 ________.

① 삐치다 ② 비치다

빈칸에 알맞은 낱자를 적어 넣어 봅시다.

1. 운동을 하다가 발목을 [ㅣ]다.

2. [ㅕ] 마디가 쑤시다.

3. 나를 속이려고 교묘하게 이야기를 꾸 [ㅁ] 대다.

4. 광고 전단지가 여기저기 뿌 [ㄹ] 지다.

5. 아들의 아내를 [ㅁ] 느리라고 한다.

6. 신호를 지키 [ㅁ] 운전하다.

7. 어디를 그렇게 바 [ㅣ] 가세요?

8. 그는 [ㅕ] 대가 굵고 키가 크다.

이전 활동에서 완성한 단어들을 같은 낱자로 시작되는 단어끼리 단어 카드 (✄ 〈부록 12쪽〉)를 사용하여 붙여 봅시다. 그다음, 같은 낱자로 시작되는 단어끼리 소리 내어 읽어 봅시다.

ㄲ				
ㅁ				
ㅂ				
ㅃ				
ㅈ				

"선생님이 불러 주는 단어를 받아 적는 문제입니다. 잘 듣고, 답안지에 단어를 받아 적어 보세요."

(정답지 p. 308에 평가 문항 제시)

번호	단어
1	
2	
3	
4	
5	
6	
7	
8	

12차시 모음 ㅛ, ㅘ: 효과

모음 ㅛ, ㅘ가 포함된 단어를 정확하게 읽고 쓸 수 있다.

"선생님이 불러 주는 단어를 받아 적는 문제입니다. 잘 듣고, 답안지에 단어를 받아 적어 보세요."

(정답지 p. 309에 평가 문항 제시)

번호	단어
1	
2	
3	
4	
5	
6	
7	
8	

수업

제목을 살펴봅시다. 제목에서 모음 'ㅛ'와 'ㅘ'에 ○를 쳐 봅시다.

효 과

낱자의 소리를 알아봅시다.

ㅛ의 소리를 알아봅시다.

1. ㅛ 이것은 '요'입니다. ㅛ는 무슨 소리가 나나요? '요' 소리([ㅛ])가 납니다.

2. 그림을 보면서 ㅛ 소리를 연습해 봅시다.

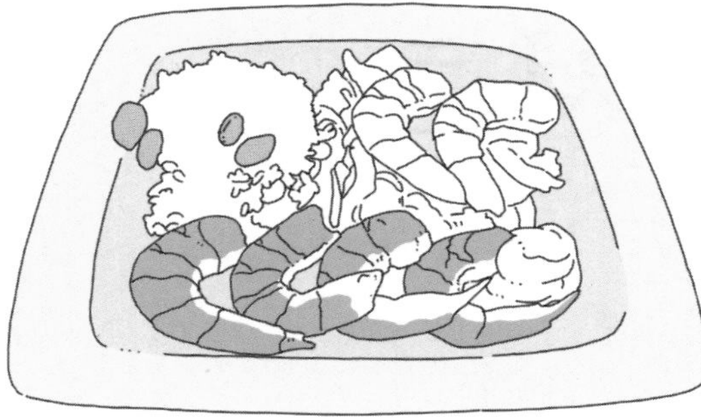

[ㅛ] 요리

3. 낱자의 소리를 말하면서 표시된 순서에 따라 써 봅시다.

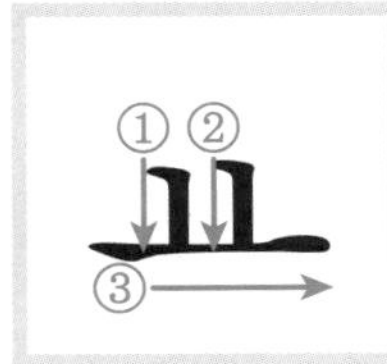

낱자의 소리를 알아봅시다.

 ㅘ의 소리를 알아봅시다.

1. ㅘ 이것은 '와'입니다. ㅘ는 무슨 소리가 나나요? '와' 소리([ㅘ])가 납니다.

2. 그림을 보면서 ㅘ 소리를 연습해 봅시다.

[ㅘ] 와이셔츠

3. 낱자의 소리를 말하면서 표시된 순서에 따라 써 봅시다.

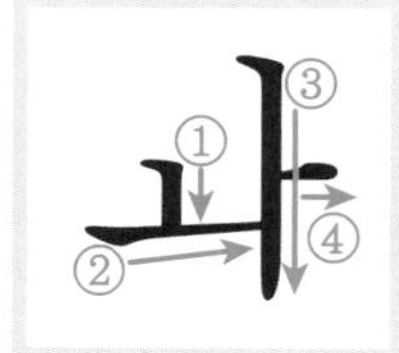

글자를 만들어 봅시다.

 [ㅎ]와 [ㅛ]를 합치면 무슨 글자가 될까요?

1. 용수철을 사용하여 소리를 합쳐 봅시다.

[ㅎ] ①

[ㅛ] ②

→ [효]

2. 다음 그림처럼 낱자 카드(✂ 〈부록 5쪽〉)를 사용하여 소리를 합쳐 봅시다.

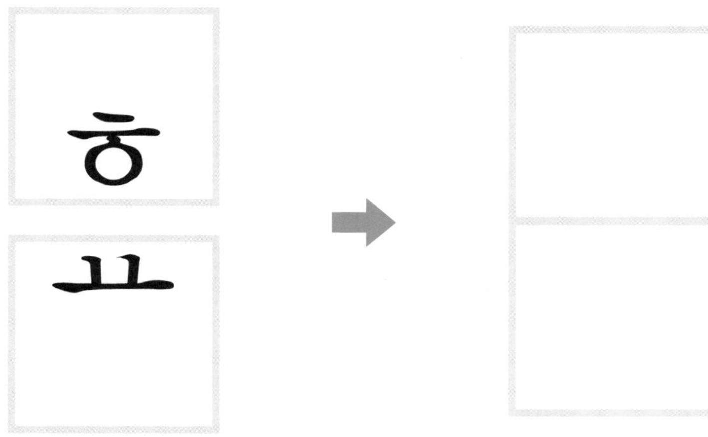

글자를 만들어 봅시다.

 [ㅎ]와 [ㅘ]를 합치면 무슨 글자가 될까요?

1. 용수철을 사용하여 소리를 합쳐 봅시다.

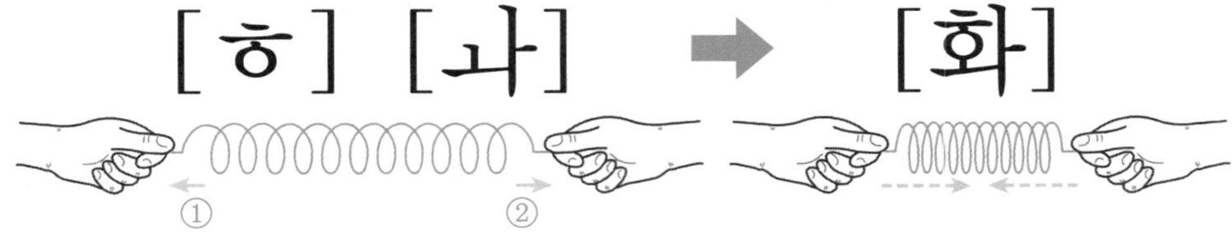

2. 다음 그림처럼 낱자 카드(✂ 〈부록 5쪽〉)를 사용하여 소리를 합쳐 봅시다.

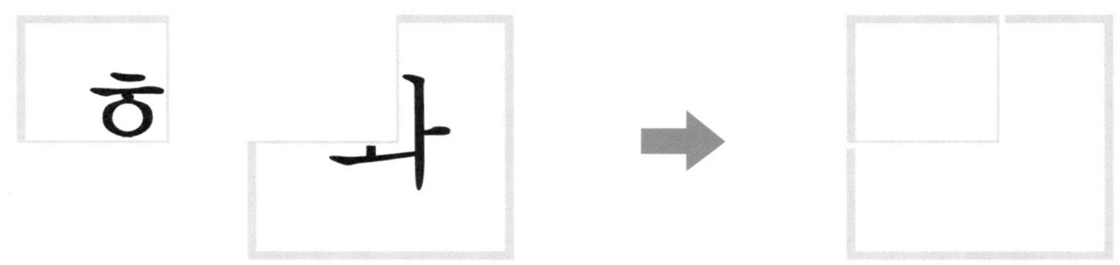

글자를 만들어 봅시다.

[ㄱ]와 [ㅘ]를 합치면 무슨 글자가 될까요?

1. 용수철을 사용하여 소리를 합쳐 봅시다.

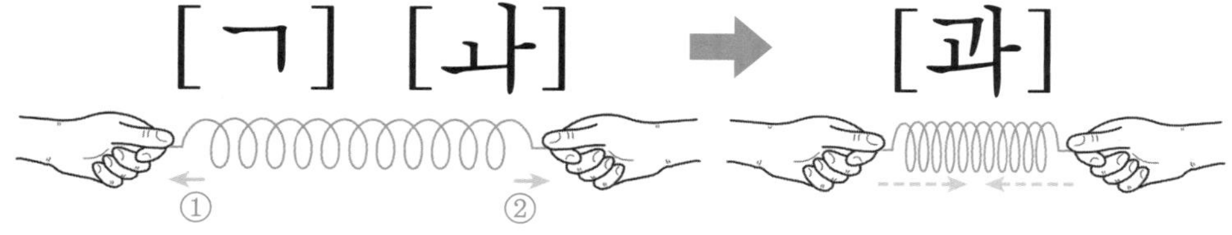

2. 다음 그림처럼 낱자 카드(✂ 〈부록 5쪽〉)를 사용하여 소리를 합쳐 봅시다.

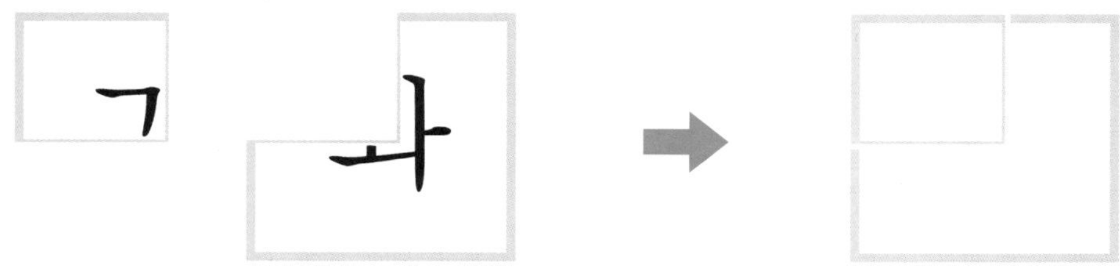

글자를 만들어 봅시다.

 [ㅈ]와 [ㅘ]를 합치면 무슨 글자가 될까요?

1. 용수철을 사용하여 소리를 합쳐 봅시다.

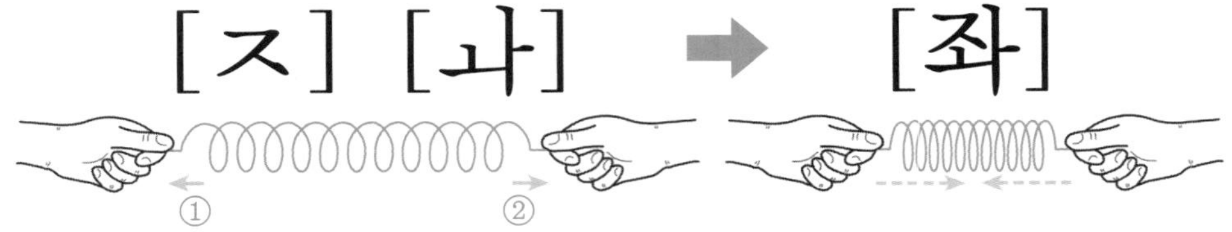

2. 다음 그림처럼 낱자 카드(✄ 〈부록 5쪽〉)를 사용하여 소리를 합쳐 봅시다.

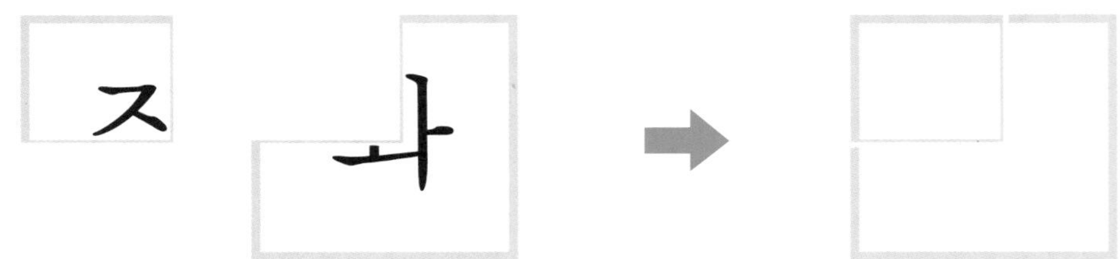

네모 칸에 있는 낱자를 각각 발음해 봅시다. 그다음, 낱자를 합쳐서 글자를 만들어 읽고 써 봅시다.

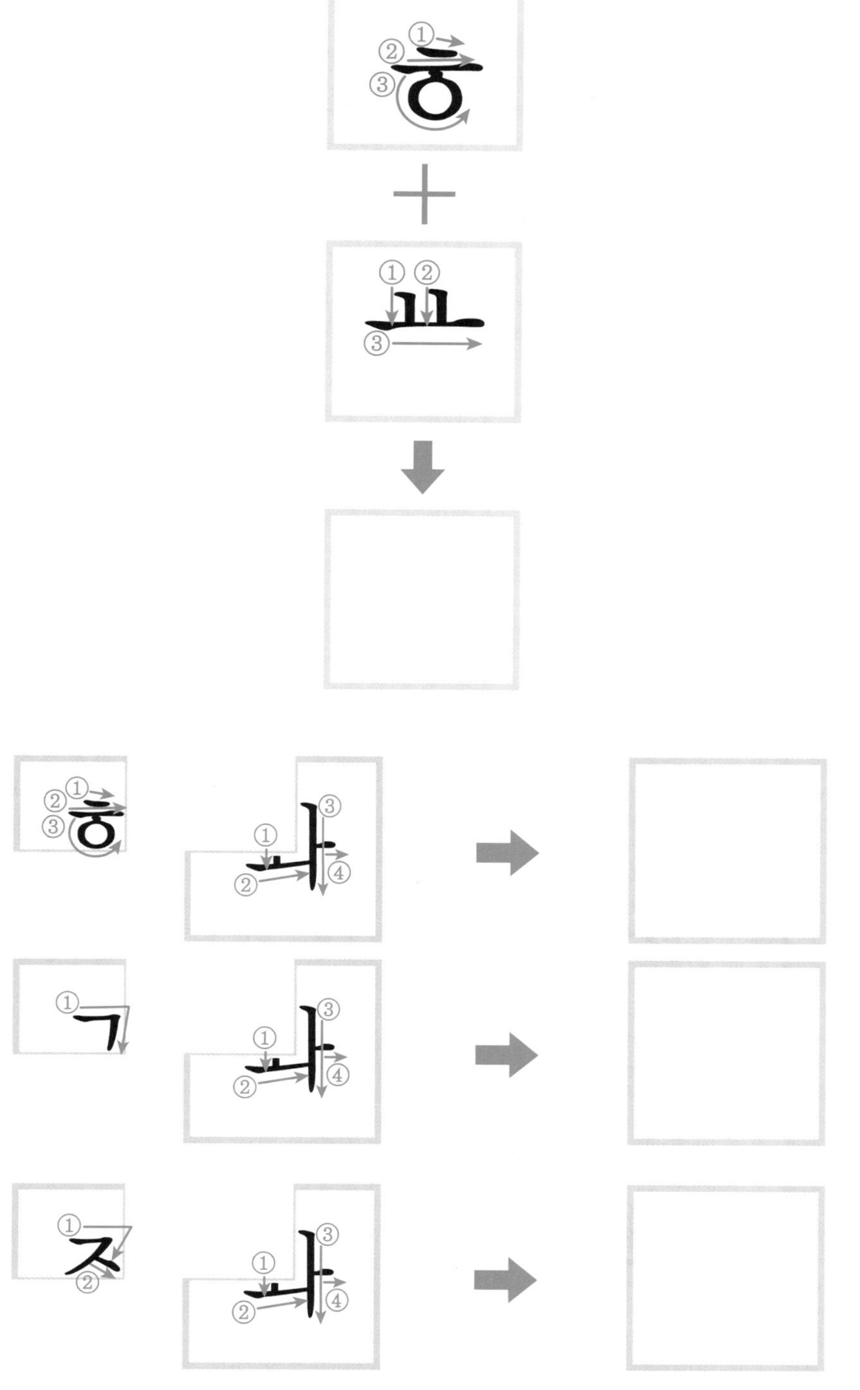

다음의 글자를 각각 발음해 봅시다. 그다음, 글자를 합쳐서 단어를 만들어 쓰고 읽어 봅시다.

○ 화 + 해 ➡ ☐

○ 화 + 재 ➡ ☐

○ 화 + 채 ➡ ☐

○ 과 + 거 ➡ ☐

○ 사 + 과 ➡ ☐

○ 과 + 자 ➡ ☐

○ 좌 + 우 ➡ ☐

○ 좌 + 표 ➡ ☐

○ 효 + 자 ➡ ☐

○ 효 + 녀 ➡ ☐

○ 무 + 효 ➡ ☐

○ 의 + 료 ➡ ☐

〈보기〉의 단어를 소리 내어 읽어 봅시다. 그다음, 각 문장에 알맞은 단어를 〈보기〉에서 찾아 써 봅시다.

● 보기 ●

효자, 과거, 좌우, 효녀, 화해, 좌표, 무효

1. 친구와 싸운 뒤 [ ][ ] 했다.
2. 심청이는 아버지를 잘 모시는 [ ][ ] 이다.
3. 귀중한 한 표가 [ ][ ] 가 되지 않도록 주의하였다.
4. 물결에 배가 [ ][ ] 로 흔들렸다.
5. 보물섬은 적힌 [ ][ ] 위에 있지 않았다.
6. 나는 [ ][ ] 에 뚱뚱했던 적이 있다.
7. 그는 부모를 잘 모시는 [ ][ ] 이다.

그림을 보고, 단어를 완성해 보세요.

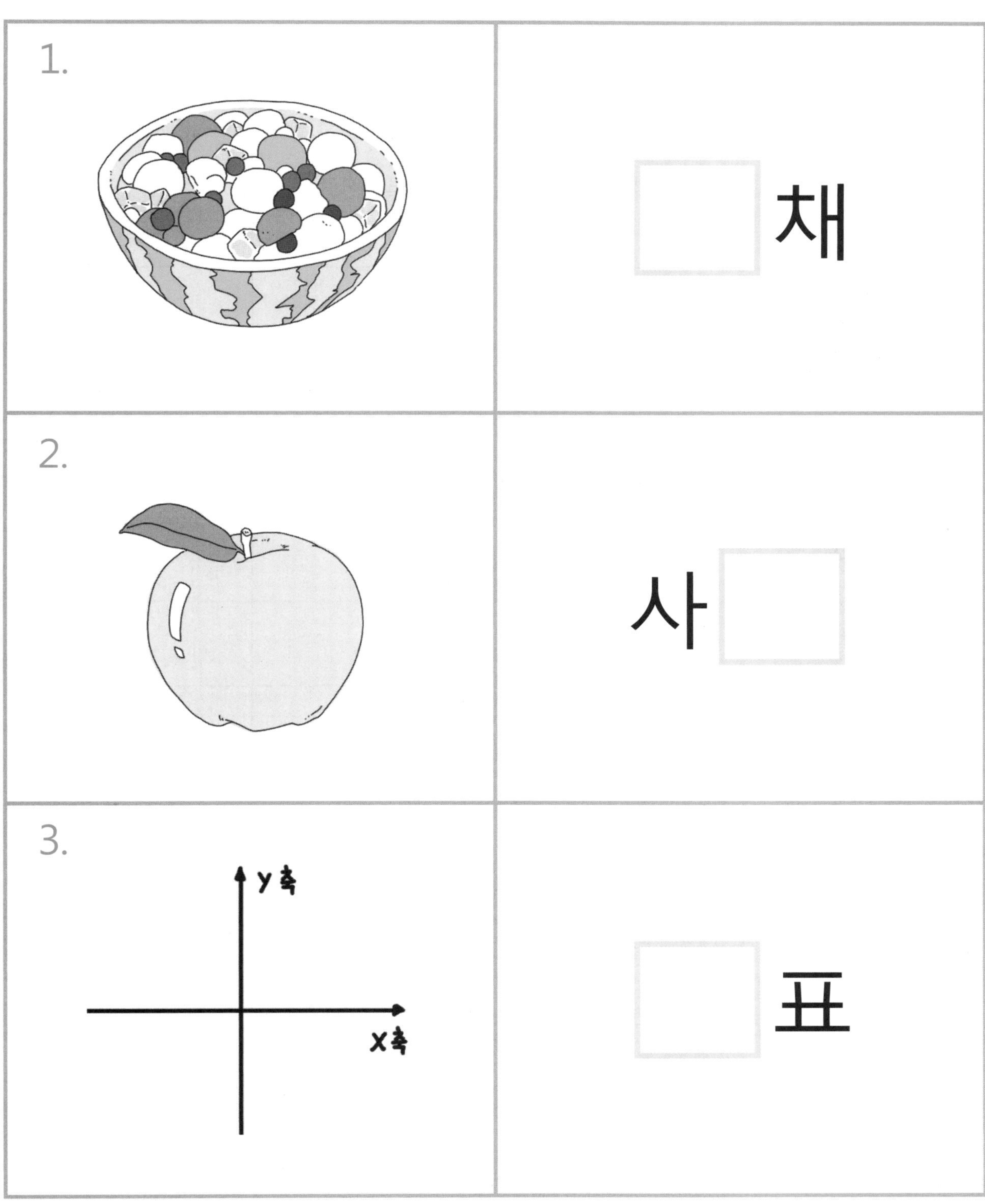

'ㅛ'와 'ㅘ'에 ○를 치면서 각 단어를 읽어 봅시다. 그다음, 각 단어를 가림판으로 가리고 외워서 쓴 후, 맞게 썼는지 확인해 봅시다. 그리고 각 단어를 두 번 더 반복하여 써 봅시다.

'ㅛ'와 'ㅘ'에 ○를 치면서 읽기	기억하여 쓰기	반복 쓰기	반복 쓰기
화해			
화재			
화채			
과거			
사과			
과자			
좌우			
좌표			
효자			
효녀			
무효			

빈칸에 알맞은 단어를 골라 적으세요.

1. 더운 여름에 시원한 ________를 먹었다.

① 화채 ② 화체

2. 나는 ________에 뚱뚱했던 적이 있다.

① 과거 ② 곽어

3. 겨울에는 ________가 더 많이 난다.

① 화제 ② 화재

4. 나는 ________를 사탕보다 더 좋아한다.

① 과자 ② 과좌

5. 반칙을 해서 골이 ________ 처리되었다.

① 무호 ② 무효

6. 이 약은 ________가 빠르다.

① 효과 ② 효가

빈칸에 알맞은 낱자를 적어 넣어 봅시다.

1. 심청이는 [ㅎ] 녀였다.

2. 친구와 다툰 후 [ㅎ] 해를 했다.

3. 반칙을 선언해 골이 무 [ㅎ] 가 되었다.

4. 산에서 [ㅎ] 재가 발생하였다.

5. 나는 [ㄱ] 거에 축구 선수였다.

6. 지도의 [ㅈ] 표를 보고 집을 찾아왔다.

7. 나는 [ㅈ] 우 시력이 차이가 난다.

8. 어머니에게 잘하는 아들을 [ㅎ] 자라고 한다.

이전 활동에서 완성한 단어들을 같은 낱자로 시작되는 단어끼리 단어 카드(✂ 〈부록 12쪽〉)를 사용하여 붙여 봅시다. 그다음, 같은 낱자로 시작되는 단어끼리 소리 내어 읽어 봅시다.

ㄱ				
ㅁ				
ㅈ				
ㅎ				

"선생님이 불러 주는 단어를 받아 적는 문제입니다. 잘 듣고, 답안지에 단어를 받아 적어 보세요."

(정답지 p. 309에 평가 문항 제시)

번호	단어
1	
2	
3	
4	
5	
6	
7	
8	

13차시 모음 ㅞ: 스웨터

모음 ㅞ가 포함된 단어를 정확하게 읽고 쓸 수 있다.

“선생님이 불러 주는 단어를 받아 적는 문제입니다. 잘 듣고, 답안지에 단어를 받아 적어 보세요.”

(정답지 p. 310에 평가 문항 제시)

번호	단어
1	
2	
3	
4	
5	
6	
7	
8	

수업

제목을 살펴봅시다. 제목에서 모음 'ㅞ'에 ○를 쳐 봅시다.

스 웨 터

낱자의 소리를 알아봅시다.

ㅞ의 소리를 알아봅시다.

1. ㅞ 이것은 '웨'입니다. ㅞ는 무슨 소리가 나나요? '웨' 소리([ㅞ])가 납니다.

2. 그림을 보면서 ㅞ 소리를 연습해 봅시다.

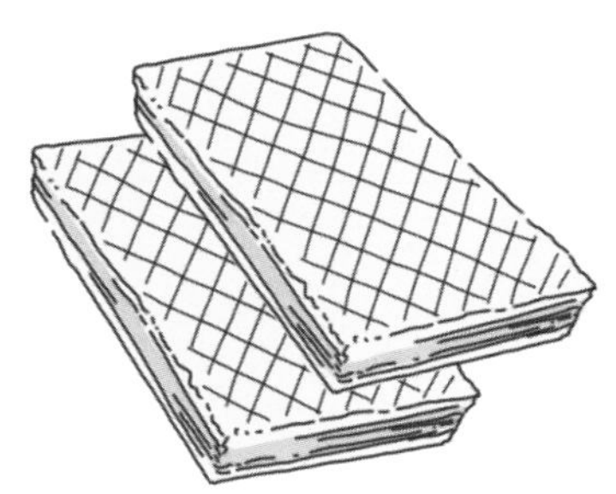

[ㅞ] 웨하스

3. 낱자의 소리를 말하면서 표시된 순서에 따라 써 봅시다.

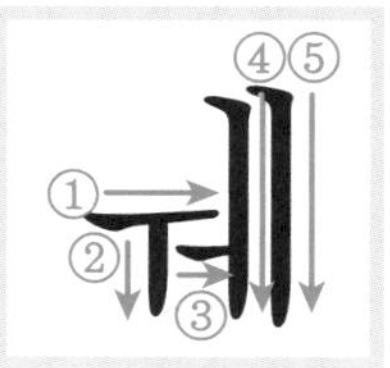

글자를 만들어 봅시다.

 [ㄱ]와 [ㅞ]를 합치면 무슨 글자가 될까요?

1. 용수철을 사용하여 소리를 합쳐 봅시다.

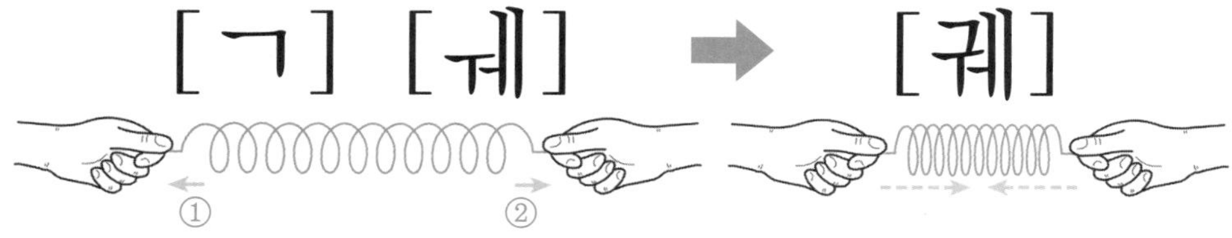

2. 다음 그림처럼 낱자 카드(✂ 〈부록 6쪽〉)를 사용하여 소리를 합쳐 봅시다.

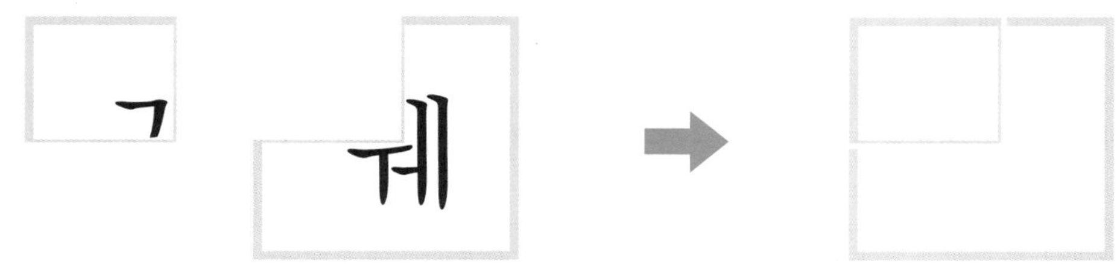

[ㅇ]과 [ㅞ]를 합치면 무슨 글자가 될까요?

1. 용수철을 사용하여 소리를 합쳐 봅시다.

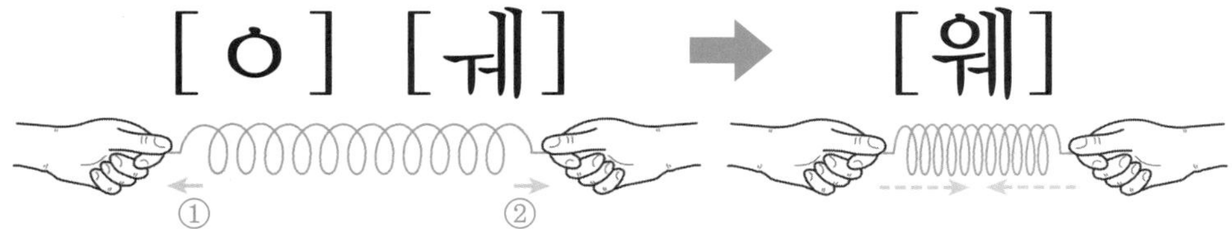

2. 다음 그림처럼 낱자 카드(✂ 〈부록 6쪽〉)를 사용하여 소리를 합쳐 봅시다.

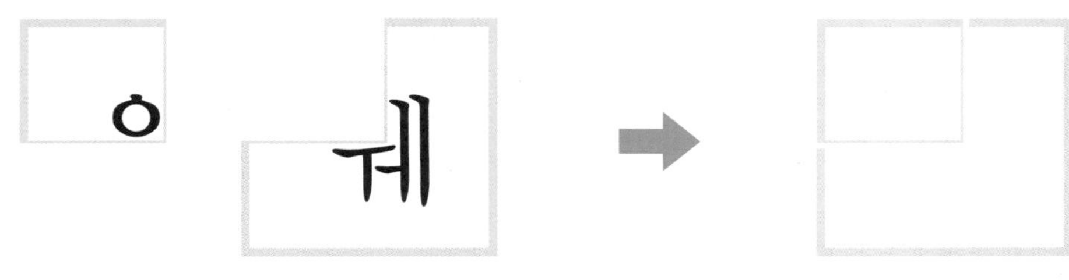

글자를 만들어 봅시다.

 [ㄲ]와 [ㅞ]를 합치면 무슨 글자가 될까요?

1. 용수철을 사용하여 소리를 합쳐 봅시다.

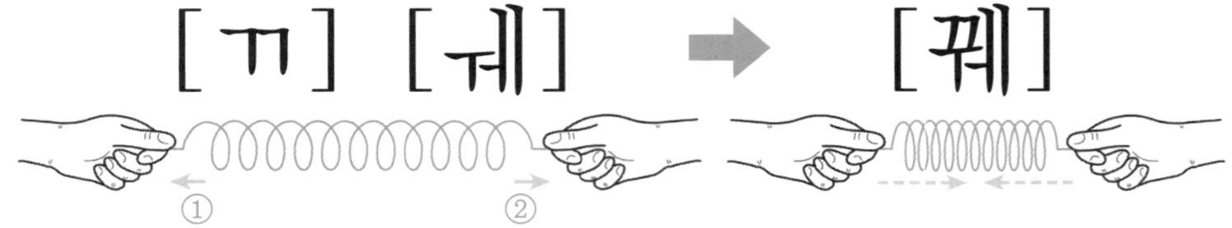

2. 다음 그림처럼 낱자 카드(✄ 〈부록 6쪽〉)를 사용하여 소리를 합쳐 봅시다.

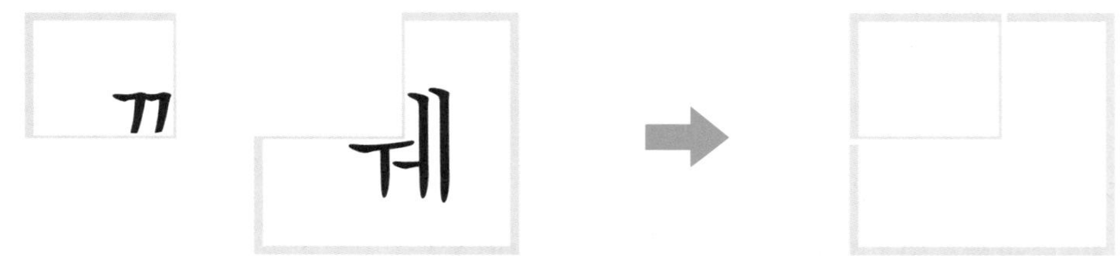

네모 칸에 있는 낱자를 각각 발음해 봅시다. 그다음, 낱자를 합쳐서 글자를 만들어 읽고 써 봅시다.

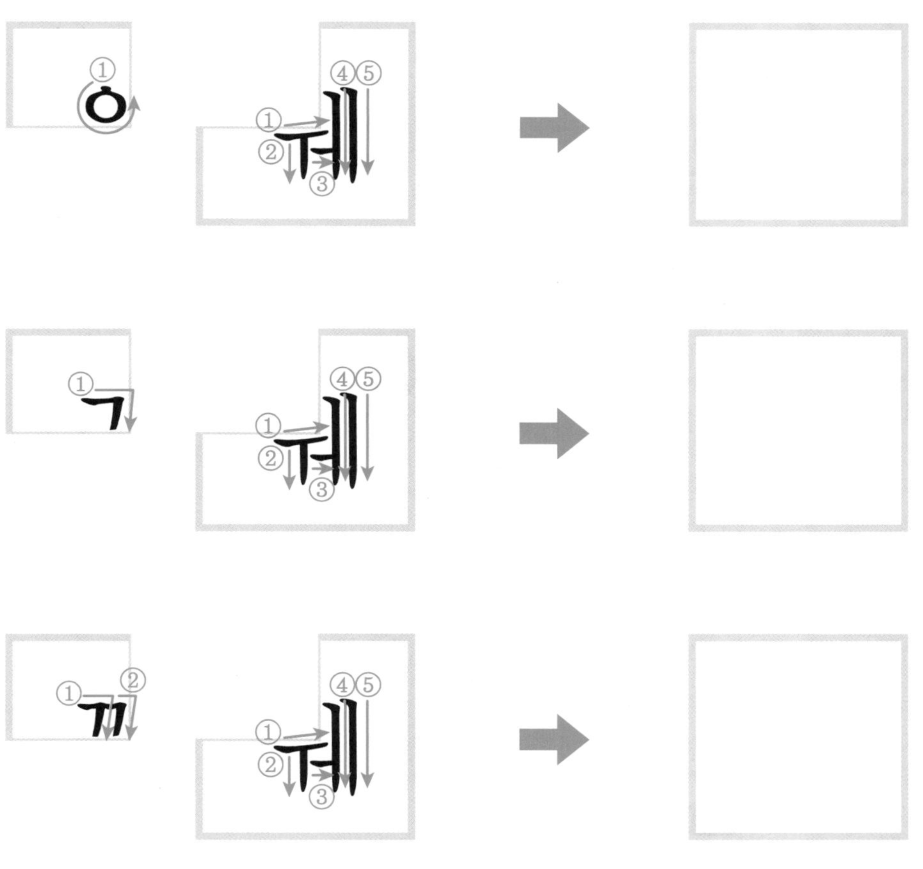

다음의 글자를 각각 발음해 봅시다. 그다음, 글자를 합쳐서 단어를 만들어 쓰고 읽어 봅시다.

○ 웨 + 하 + 스 ➡ ☐

○ 스 + 웨 + 터 ➡ ☐

○ 하 + 드 + 웨 + 어 ➡ ☐

○ 소+프+트+웨+어 ➡ ☐

○ 궤 + 도 ➡ ☐

○ 꿰 + 다 ➡ ☐

○ 꿰 + 매 + 다 ➡ ☐

〈보기〉의 단어를 소리 내어 읽어 봅시다. 그다음, 각 문장에 알맞은 단어를 〈보기〉에서 찾아 써 봅시다.

● 보기 ●

소프트웨어, 웨하스, 스웨터, 하드웨어, 꿰매다, 궤도, 꿰다

1. 나는 □□□ 과자를 좋아한다.
2. 인공위성은 □□를 따라 지구 위를 돈다.
3. 반지를 만들기 위해 구슬을 □□.
4. 찢어진 옷을 □□□.
5. 추워서 □□□를 입었다.
6. 컴퓨터 □□□□를 새로 구입하다.
7. □□□□□를 복제하여 사용하면 안 된다.

그림을 보고, 단어를 완성해 보세요.

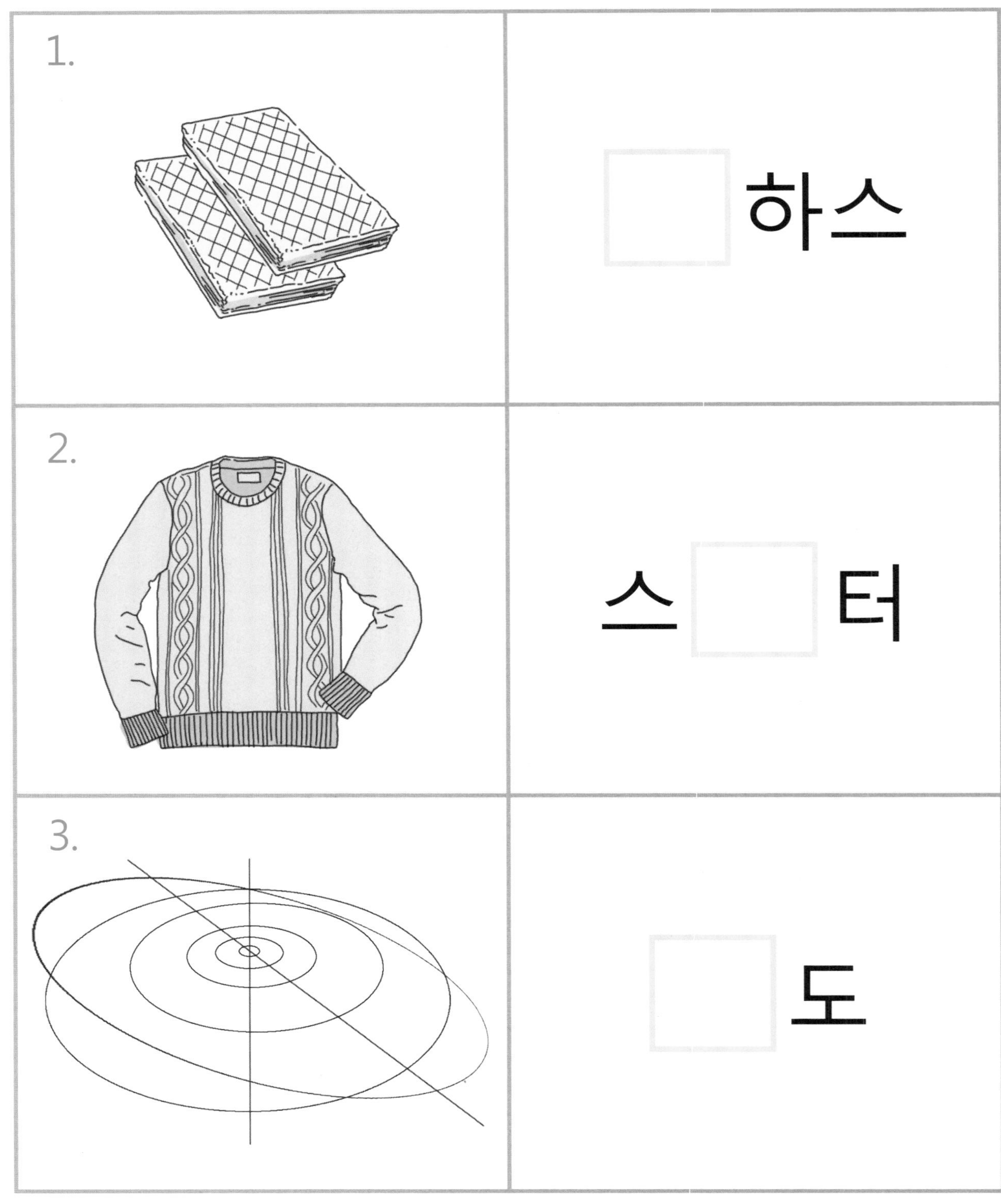

'ㅞ'에 ○를 치면서 각 단어를 읽어 봅시다. 그다음, 각 단어를 가림판으로 가리고 외워서 쓴 후, 맞게 썼는지 확인해 봅시다. 그리고 각 단어를 두 번 더 반복하여 써 봅시다.

'ㅞ'에 ○를 치면서 읽기	기억하여 쓰기	반복 쓰기	반복 쓰기
웨하스			
스웨터			
하드웨어			
소프트웨어			
궤도			
꿰다			
꿰매다			

빈칸에 알맞은 단어를 골라 적으세요.

1. 구슬을 __________.

① 꽤다 ② 꿰다 ③ 꾀다

2. __________를 복제하여 사용하면 안 된다.

① 소프트왜어 ② 소프트웨어 ③ 소프트외어

3. 찢어진 옷을 __________.

① 꿰매다 ② 꿰메다 ③ 꽤매다

4. 인공위성은 __________를 따라 지구를 돈다.

① 궤도 ② 괴도 ③ 괘도

5. 날씨가 추워서 __________를 입었다.

① 스왜터 ② 스웨터 ③ 스외터

빈칸에 알맞은 낱자를 적어 넣어 봅시다.

1. 실을 바늘에 [ㄲ] 다.

2. [ㅇ] 하스는 내가 제일 좋아하는 과자이다.

3. 컴퓨터 기계 장치의 몸체는 하드 [ㅇ] 어라고 한다.

4. 컴퓨터 프로그램은 소프트 [ㅇ] 어라고 한다.

5. 구멍 난 양말을 [ㄲ] 매다.

6. 지구는 태양 둘레를 타원형 [ㄱ] 도로 돈다.

7. 날씨가 추워서 스 [ㅇ] 터를 입었다.

이전 활동에서 완성한 단어들을 같은 낱자로 시작되는 단어끼리 단어 카드 (✂ 〈부록 12쪽〉)를 사용하여 붙여 봅시다. 그다음, 같은 낱자로 시작되는 단어끼리 소리 내어 읽어 봅시다.

"선생님이 불러 주는 단어를 받아 적는 문제입니다. 잘 듣고, 답안지에 단어를 받아 적어 보세요."

(정답지 p. 310에 평가 문항 제시)

번호	단어
1	
2	
3	
4	
5	
6	
7	
8	

14차시 모음 ㅠ: 휴가

학습목표

모음 ㅠ가 포함된 단어를 정확하게 읽고 쓸 수 있다.

사전평가

"선생님이 불러 주는 단어를 받아 적는 문제입니다. 잘 듣고, 답안지에 단어를 받아 적어 보세요."

(정답지 p. 311에 평가 문항 제시)

번호	단어
1	
2	
3	
4	
5	
6	
7	
8	

수업

제목을 살펴봅시다. 제목에서 모음 'ㅠ'에 ○를 쳐 봅시다.

휴 가

낱자의 소리를 알아봅시다.

ㅠ의 소리를 알아봅시다.

1. ㅠ 이것은 '유'입니다. ㅠ는 무슨 소리가 나나요? '유' 소리([ㅠ])가 납니다.

2. 그림을 보면서 ㅠ 소리를 연습해 봅시다.

[ㅠ] 우유

3. 낱자의 소리를 말하면서 표시된 순서에 따라 써 봅시다.

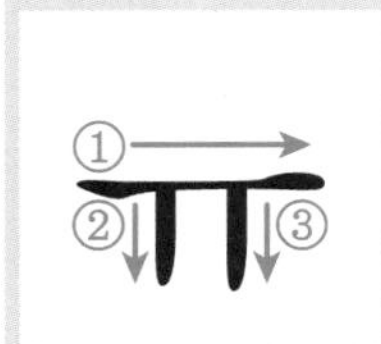

글자를 만들어 봅시다.

 [ㅇ]과 [ㅠ]를 합치면 무슨 글자가 될까요?

1. 다음 그림처럼 낱자 카드(✂ 〈부록 6쪽〉)를 합치면서 발음해 봅시다.
   'ㅇ'은 글자 앞에 쓰일 때(초성일 때), 아무 소리도 나지 않습니다.

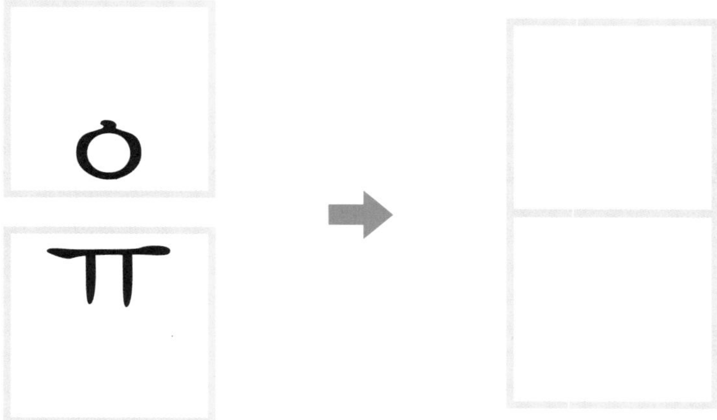

글자를 만들어 봅시다.

[ㄹ]와 [ㅠ]를 합치면 무슨 글자가 될까요?

1. 용수철을 사용하여 소리를 합쳐 봅시다.

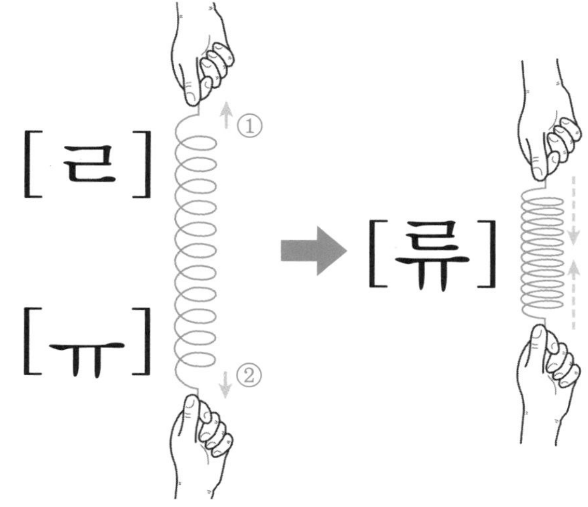

2. 다음 그림처럼 낱자 카드(✂ 〈부록 6쪽〉)를 사용하여 소리를 합쳐 봅시다.

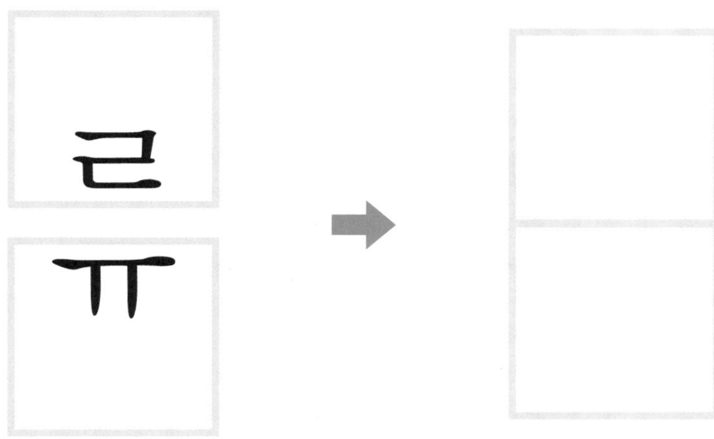

글자를 만들어 봅시다.

 [ㅎ]와 [ㅠ]를 합치면 무슨 글자가 될까요?

1. 용수철을 사용하여 소리를 합쳐 봅시다.

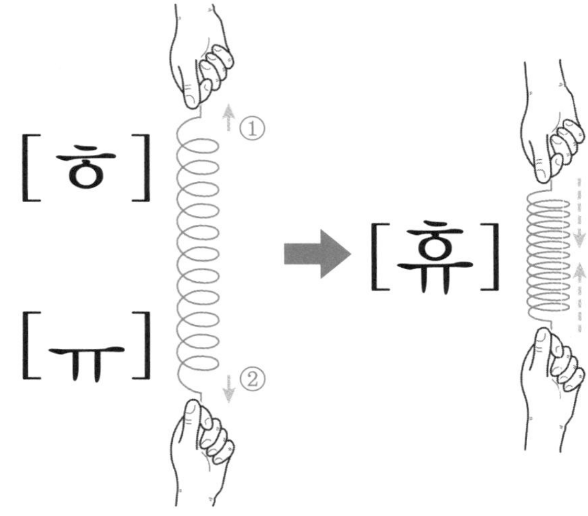

2. 다음 그림처럼 낱자 카드(✄ 〈부록 6쪽〉)를 사용하여 소리를 합쳐 봅시다.

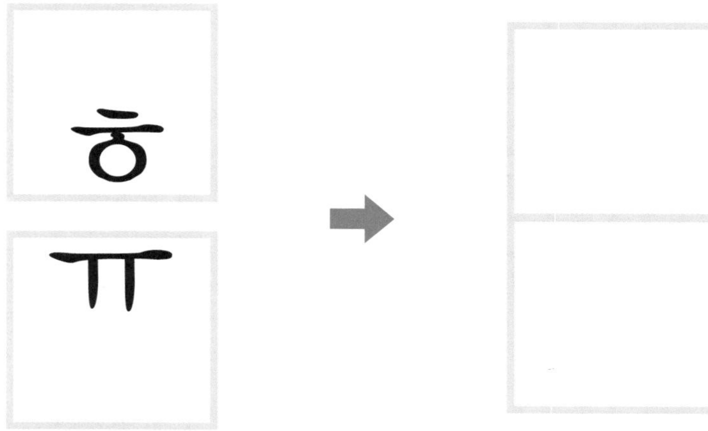

글자를 만들어 봅시다.

 [ㄱ]와 [ㅠ]를 합치면 무슨 글자가 될까요?

1. 용수철을 사용하여 소리를 합쳐 봅시다.

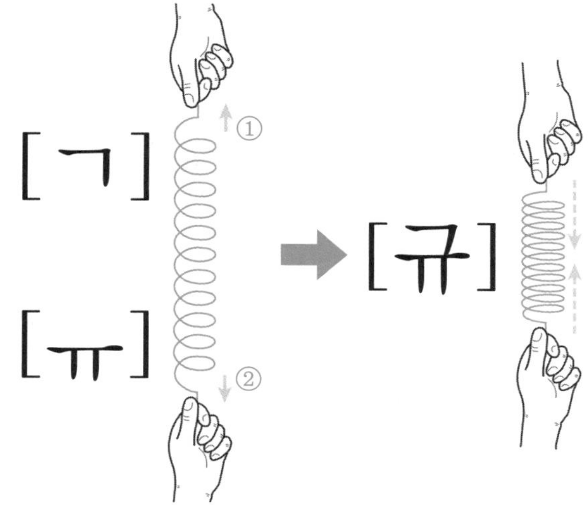

2. 다음 그림처럼 낱자 카드(✂ 〈부록 6쪽〉)를 사용하여 소리를 합쳐 봅시다.

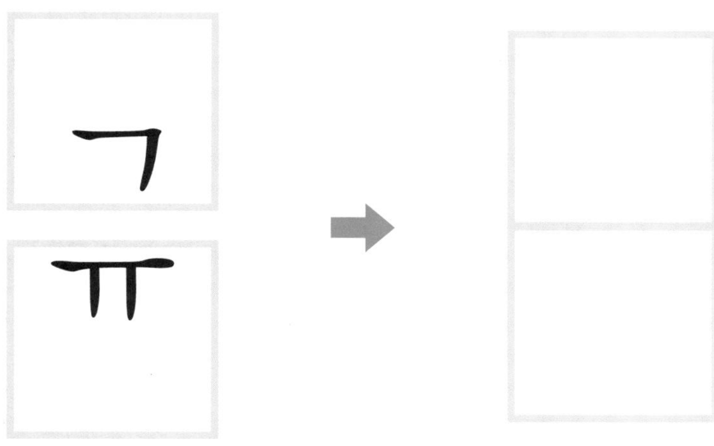

네모 칸에 있는 낱자를 각각 발음해 봅시다. 그다음, 낱자를 합쳐서 글자를 만들어 읽고 써 봅시다.

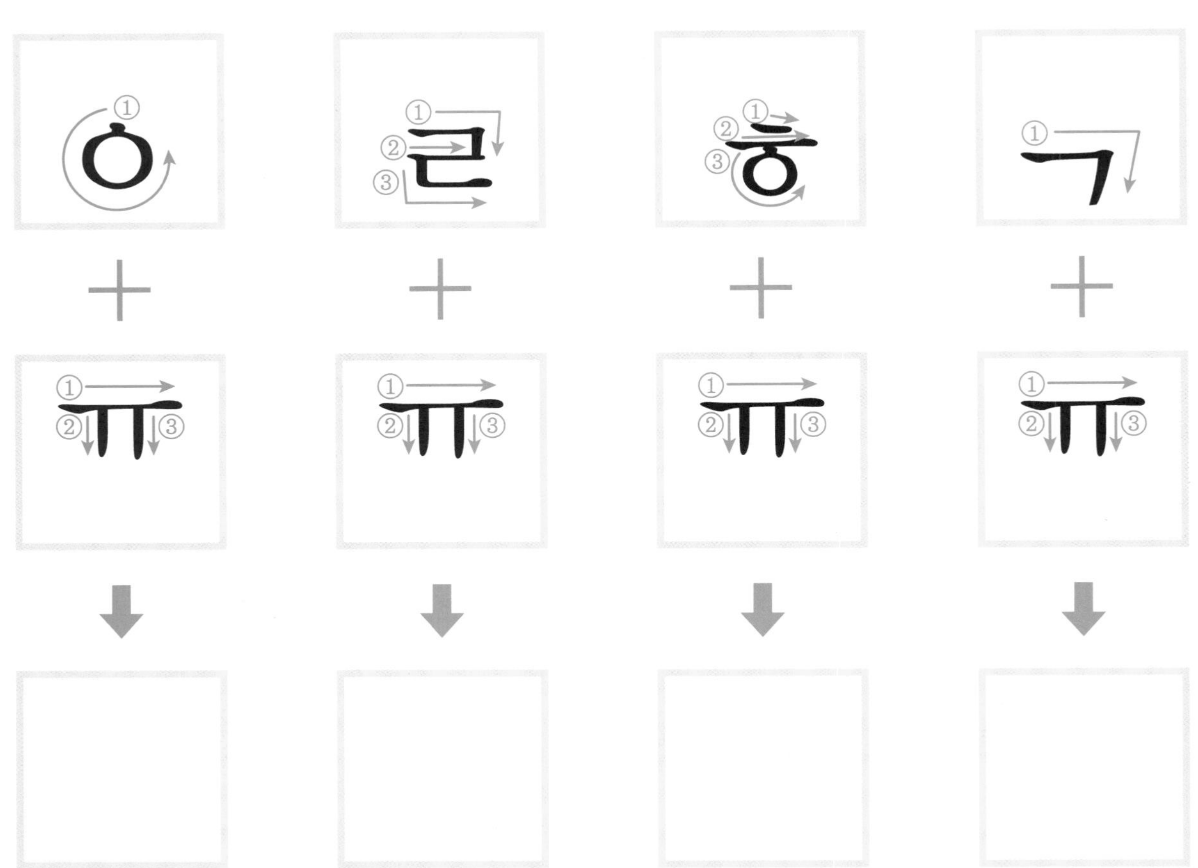

다음의 글자를 각각 발음해 봅시다. 그다음, 글자를 합쳐서 단어를 만들어 쓰고 읽어 봅시다.

○ 주 + 유 + 소 → [ ]

○ 자 + 유 → [ ]

○ 여 + 유 → [ ]

○ 서 + 류 → [ ]

○ 의 + 류 → [ ]

○ 교 + 류 ➡ [ ]

○ 규 + 모 ➡ [ ]

○ 규 + 제 ➡ [ ]

○ 휴 + 지 ➡ [ ]

○ 휴 + 대 ➡ [ ]

○ 휴 + 가 ➡ [ ]

〈보기〉의 단어를 소리 내어 읽어 봅시다. 그다음, 각 문장에 알맞은 단어를 〈보기〉에서 찾아 써 봅시다.

● 보기 ●

교류, 서류, 규모, 자유, 규제, 휴가

1. 아빠 ☐☐ 때, 바닷가에 놀러 갔다.

2. 나는 내 마음대로 갈 수 있는 ☐☐ 여행이 좋다.

3. 환경보호를 위해 비닐 봉투 사용이 ☐☐ 되었다.

4. 우리 동네에서 가장 큰 ☐☐ 의 음식점 이다.

5. 그는 볼펜을 들고 ☐☐ 를 작성했다.

6. 남북한 ☐☐ 가 확대되었다.

그림을 보고, 단어를 완성해 보세요.

1.	주 ☐ 소
2.	☐ 지
3.	두 ☐
4.	서 ☐
5.	의 ☐

'ㅠ'에 ○를 치면서 각 단어를 읽어 봅시다. 그다음, 각 단어를 가림판으로 가리고 외워서 쓴 후, 맞게 썼는지 확인해 봅시다. 그리고 각 단어를 두 번 더 반복하여 써 봅시다.

'ㅠ'에 ○를 치면서 읽기	기억하여 쓰기	반복 쓰기	반복 쓰기
주유소			
자유			
여유			
서류			
의류			
교류			
규모			
규제			
휴지			
휴대			
휴가			

빈칸에 알맞은 단어를 골라 적으세요.

1. ________전화를 샀다.

① 휴대 ② 휴데

2. 2층에는 여성 ________ 매장이 있다.

① 의류 ② 의료

3. 마음의 ________를 가지세요!

① 여유 ② 예유

4. 환경 보호를 위해 비닐 봉투 사용을 ________하였다.

① 규제 ② 규재

5. 최근 중국과의 ________가 활발하다.

① 교류 ② 교루

빈칸에 알맞은 낱자를 적어 넣어 봅시다.

1. 무엇을 하든 내 자 [ㅇ] 이다.

2. 서두르지 말고 여 [ㅇ] 를 갖자!

3. 남북한 교 [ㄹ] 가 많아지고 있다.

4. 아파트 단지의 [ㄱ] 모가 크다.

5. [ㅎ] 대전화를 집에 놓고 왔다.

6. 책상 위에 있는 아빠의 서 [ㄹ] 뭉치를 치웠다.

7. 의 [ㄹ] 매장에 가서 옷을 샀다.

8. 고래잡이를 금지하는 [ㄱ] 제가 실시되었다.

이전 활동에서 완성한 단어들을 같은 낱자로 시작되는 단어끼리 단어 카드(✂ 〈부록 12쪽〉)를 사용하여 붙여 봅시다. 그다음, 같은 낱자로 시작되는 단어끼리 소리 내어 읽어 봅시다.

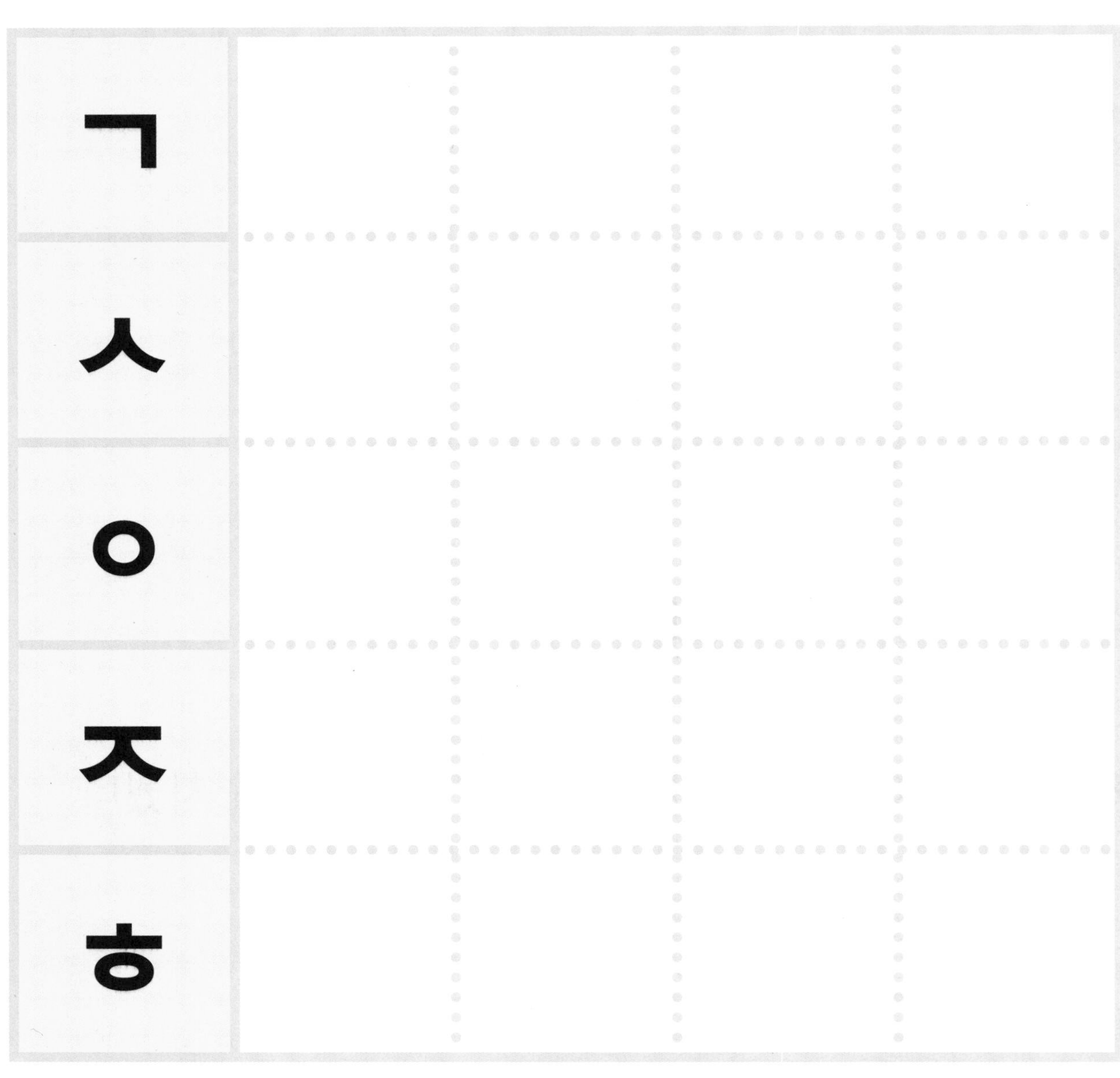

ㄱ				
ㅅ				
ㅇ				
ㅈ				
ㅎ				

사후평가

"선생님이 불러 주는 단어를 받아 적는 문제입니다. 잘 듣고, 답안지에 단어를 받아 적어 보세요."

(정답지 p. 311에 평가 문항 제시)

번호	단어
1	
2	
3	
4	
5	
6	
7	
8	

15차시 모음 ㅑ, ㅝ: 샤워

학습목표

모음 ㅑ, ㅝ가 포함된 단어를 정확하게 읽고 쓸 수 있다.

사전평가

“선생님이 불러 주는 단어를 받아 적는 문제입니다. 잘 듣고, 답안지에 단어를 받아 적어 보세요.”

(정답지 p. 312에 평가 문항 제시)

번호	단어
1	
2	
3	
4	
5	
6	
7	
8	

수업

제목을 살펴봅시다. 제목에서 모음 'ㅑ'와 'ㅝ'에 ○를 쳐 봅시다.

샤 워

낱자의 소리를 알아봅시다.

ㅑ의 소리를 알아봅시다.

1. ㅑ 이것은 '야'입니다. ㅑ는 무슨 소리가 나나요? '야' 소리([ㅑ])가 납니다.

2. 그림을 보면서 ㅑ 소리를 연습해 봅시다.

[ㅑ] 야구

3. 낱자의 소리를 말하면서 표시된 순서에 따라 써 봅시다.

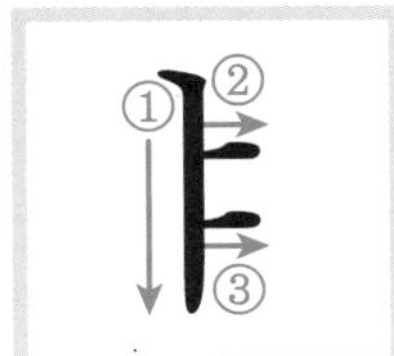

낱자의 소리를 알아봅시다.

ㅝ의 소리를 알아봅시다.

1. ㅝ 이것은 '워'입니다. ㅝ는 무슨 소리가 나나요? '워' 소리([ㅝ])가 납니다.

2. 그림을 보면서 ㅝ 소리를 연습해 봅시다.

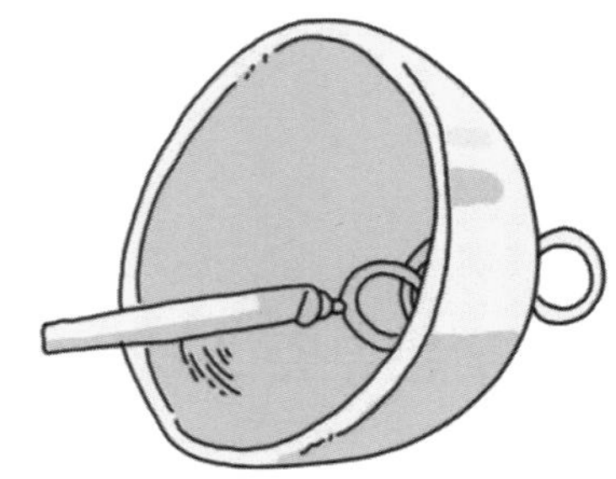

[ㅝ] 워낭

3. 낱자의 소리를 말하면서 표시된 순서에 따라 써 봅시다.

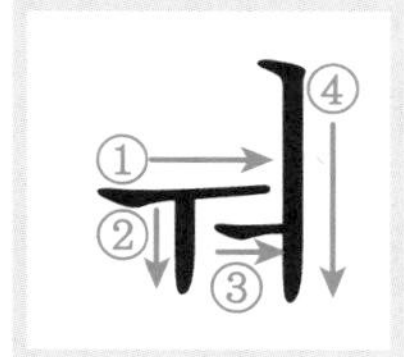

글자를 만들어 봅시다.

[ㅇ]과 [ㅑ]를 합치면 무슨 글자가 될까요?

1. 다음 그림처럼 낱자 카드(✂ 〈부록 7쪽〉)를 합치면서 발음해 봅시다. 'ㅇ'은 글자 앞에 쓰일 때(초성일 때), 아무 소리도 나지 않습니다.

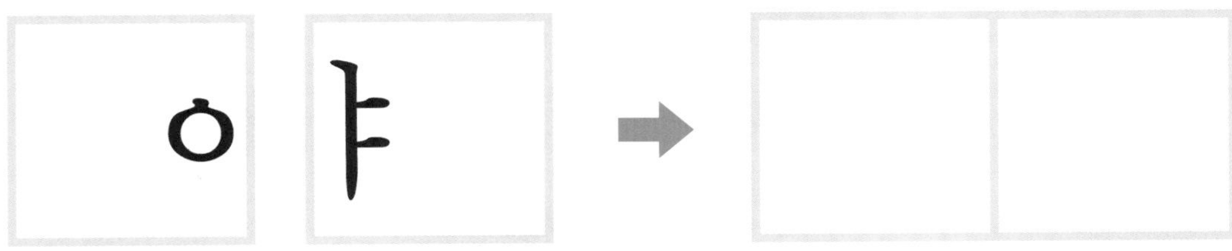

[ㅅ]와 [ㅑ]를 합치면 무슨 글자가 될까요?

1. 용수철을 사용하여 소리를 합쳐 봅시다.

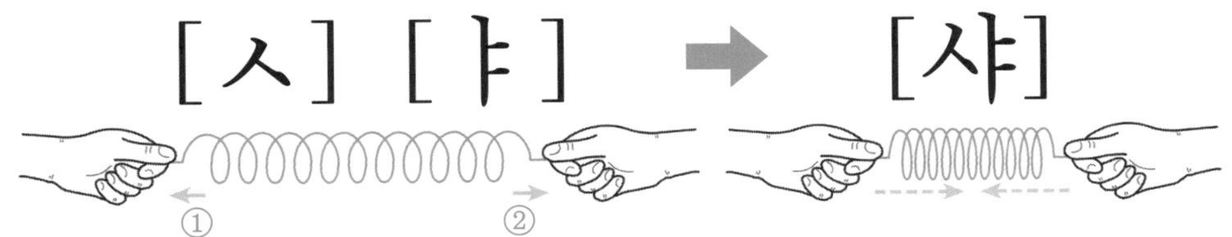

2. 다음 그림처럼 낱자 카드(✂ 〈부록 7쪽〉)를 사용하여 소리를 합쳐 봅시다.

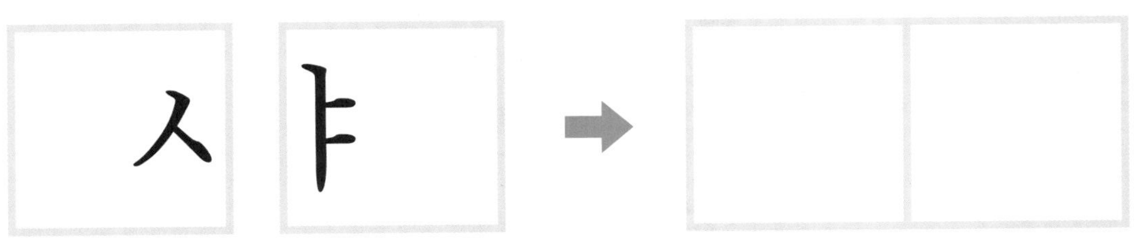

글자를 만들어 봅시다.

 [ㅇ]과 [ㅝ]를 합치면 무슨 글자가 될까요?

1. 다음 그림처럼 낱자 카드(✂ 〈부록 7쪽〉)를 합치면서 발음해 봅시다. 'ㅇ'은 글자 앞에 쓰일 때(초성일 때), 아무 소리도 나지 않습니다.

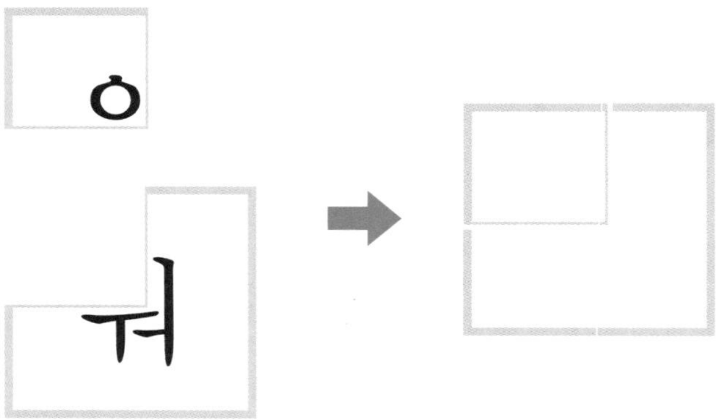

[ㄴ]와 [ㅝ]를 합치면 무슨 글자가 될까요?

1. 용수철을 사용하여 소리를 합쳐 봅시다.

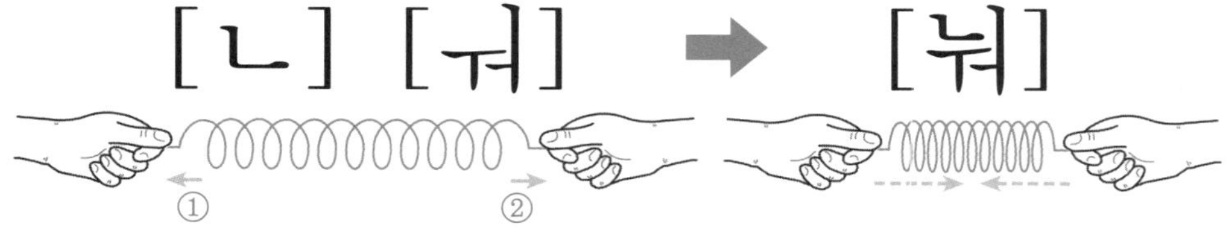

2. 다음 그림처럼 낱자 카드(✂ 〈부록 7쪽〉)를 사용하여 소리를 합쳐 봅시다.

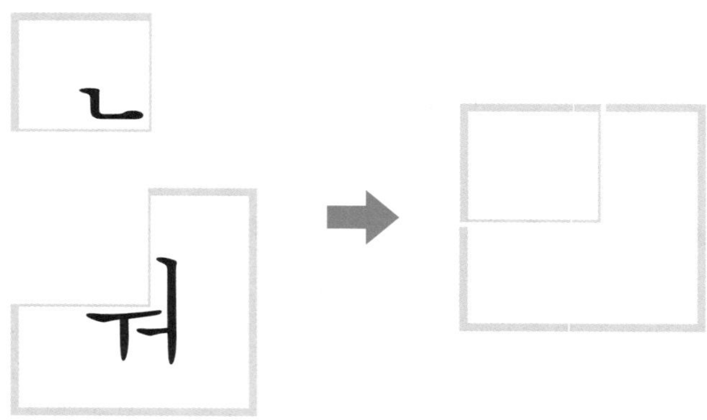

글자를 만들어 봅시다.

 [ㅁ]와 [ㅝ]를 합치면 무슨 글자가 될까요?

1. 용수철을 사용하여 소리를 합쳐 봅시다.

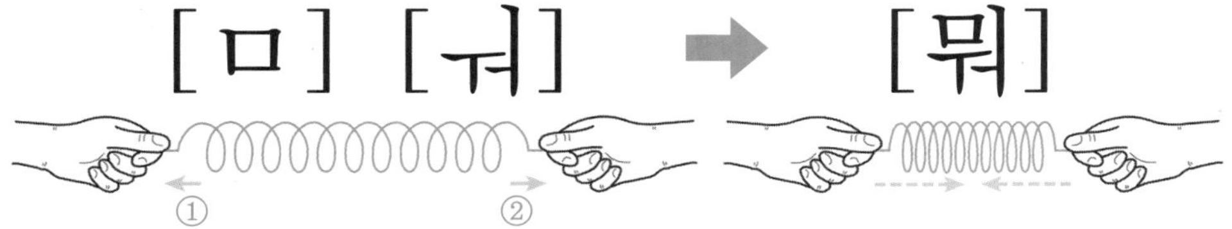

2. 다음 그림처럼 낱자 카드(✄ 〈부록 7쪽〉)를 사용하여 소리를 합쳐 봅시다.

네모 칸에 있는 낱자를 각각 발음해 봅시다. 그다음, 낱자를 합쳐서 글자를 만들어 읽고 써 봅시다.

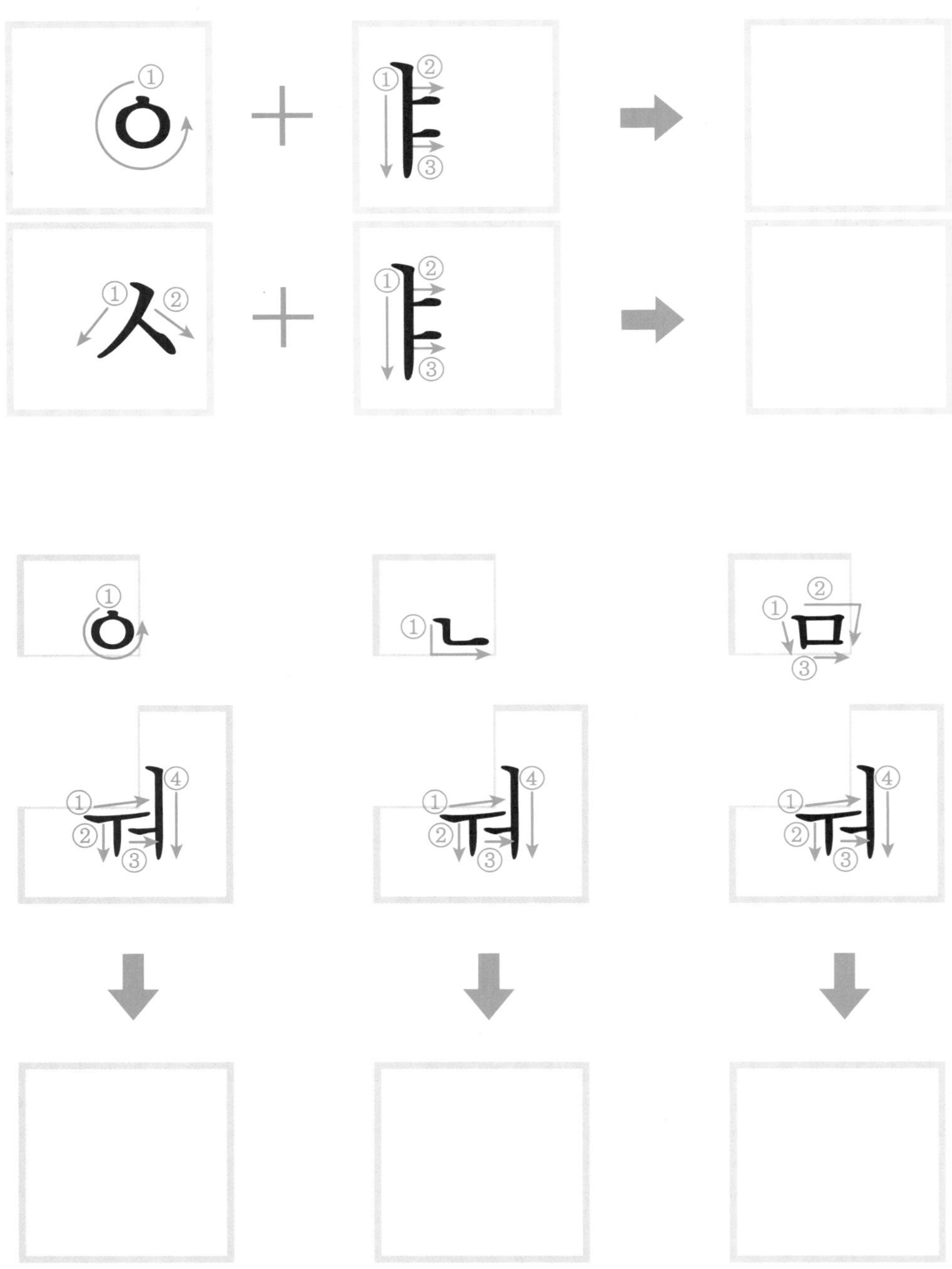

다음의 글자를 각각 발음해 봅시다. 그다음, 글자를 합쳐서 단어를 만들어 쓰고 읽어 봅시다.

○ 야 + 구 ➡ [ ]

○ 야 + 채 ➡ [ ]

○ 야 + 수 ➡ [ ]

○ 그 + 래 + 야 ➡ [ ]

○ 샤 + 워 ➡ [ ]

○ 샤 + 프 →

○ 타 + 워 →

○ 데 + 워 + 지 + 다 →

○ 에 + 워 + 싸 + 다 →

○ 뭐 + 라 + 고 →

○ 뭐 + 하 + 니 →

〈보기〉의 단어를 소리 내어 읽어 봅시다. 그다음, 각 문장에 알맞은 단어를 〈보기〉에서 찾아 써 봅시다.

● 보기 ●

야수, 뭐하니, 그래야, 데워지다, 샤워, 에워싸다, 타워

1. 우유가 따뜻하게 □□□□.
2. 나는 남산 □□에 갔다.
3. 미녀와 □□는 유명한 책이다.
4. 사람들이 뱅 □□□□.
5. 말을 해. □□□ 원하는 게 뭔지 알지.
6. 깨끗하게 □□를 했다.
7. 여우야, 여우야, □□□?

그림을 보고, 단어를 완성해 보세요.

1. 	□ 구
2. 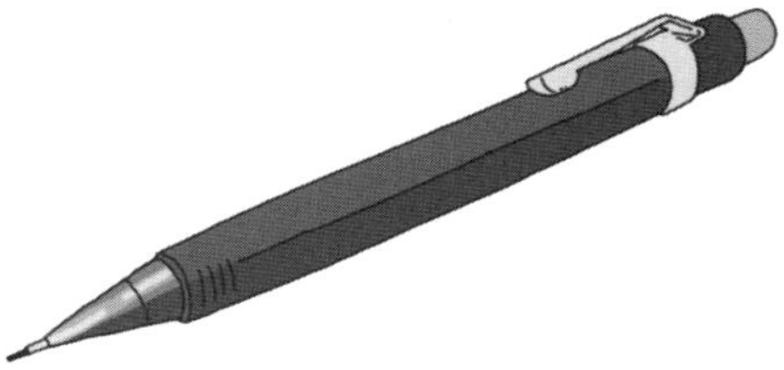	□ 프
3. 	타 □
4. 	샤 □

'ㅑ'와 'ㅝ'에 ○를 치면서 각 단어를 읽어 봅시다. 그다음, 각 단어를 가림판으로 가리고 외워서 쓴 후, 맞게 썼는지 확인해 봅시다. 그리고 각 단어를 두 번 더 반복하여 써 봅시다.

'ㅑ'와 'ㅝ'에 ○를 치면서 읽기	기억하여 쓰기	반복 쓰기	반복 쓰기
야구			
야채			
야수			
그래야			
샤워			
샤프			
타워			
데워지다			
에워싸다			
뭐라고			
뭐하니			

빈칸에 알맞은 단어를 골라 적으세요.

1. 배추는 __________이다.

① 야채　　② 야최　　③ 야체

2. __________ 말해야 할까?

① 머라고　　② 뭐라고　　③ 뭡라고

3. 사람들이 뱅 __________.

① 에어싸다　　② 애워싸다　　③ 에워싸다

4. 시원하게 __________를 했다.

① 섀워　　② 샤어　　③ 샤워

5. 운동을 열심히 해라. __________ 건강할 수 있다.

① 그례야　　② 그레야　　③ 그래야

빈칸에 알맞은 낱자를 적어 넣어 봅시다.

1. 당연히 그래 ㅇ 한다.

2. ㅅ 프로 글씨를 쓰다.

3. 목욕물이 따뜻하게 데 ㅇ 지다.

4. 날씨가 추워서 사람들이 난로를 에 ㅇ 싸다.

5. 여우야, 여우야, ㅁ 하니?

6. 나는 미녀와 ㅇ 수 책을 좋아한다.

7. 승강기를 타고 타 ㅇ 꼭대기에 올라갔다.

8. 너무 시끄러워서 ㅁ 라고 하는지 잘 안 들렸다.

9. 욕실에서 ㅅ 워를 했다.

이전 활동에서 완성한 단어들을 같은 낱자로 시작되는 단어끼리 단어 카드 (✂ 〈부록 12~13쪽〉)를 사용하여 붙여 봅시다. 그다음, 같은 낱자로 시작되는 단어끼리 소리 내어 읽어 봅시다.

ㄱ				
ㄷ				
ㅁ				
ㅅ				
ㅇ				
ㅌ				

"선생님이 불러 주는 단어를 받아 적는 문제입니다. 잘 듣고, 답안지에 단어를 받아 적어 보세요."

(정답지 p. 312에 평가 문항 제시)

번호	단어
1	
2	
3	
4	
5	
6	
7	
8	

16차시 모음 ㅖ, ㅚ: 예외

학습목표

모음 ㅖ, ㅚ가 포함된 단어를 정확하게 읽고 쓸 수 있다.

사전평가

“선생님이 불러 주는 단어를 받아 적는 문제입니다. 잘 듣고, 답안지에 단어를 받아 적어 보세요.”

(정답지 p. 313에 평가 문항 제시)

번호	단어
1	
2	
3	
4	
5	
6	
7	
8	

수업

제목을 살펴봅시다. 제목에서 모음 'ㅖ'와 'ㅚ'에 ○를 쳐 봅시다.

예 외

낱자의 소리를 알아봅시다.

ㅖ의 소리를 알아봅시다.

1. ㅖ 이것은 '예'입니다. ㅖ는 무슨 소리가 나나요? '예' 소리([ㅖ])가 납니다.

2. 그림을 보면서 ㅖ 소리를 연습해 봅시다.

[ㅖ] 예배

3. 낱자의 소리를 말하면서 표시된 순서에 따라 써 봅시다.

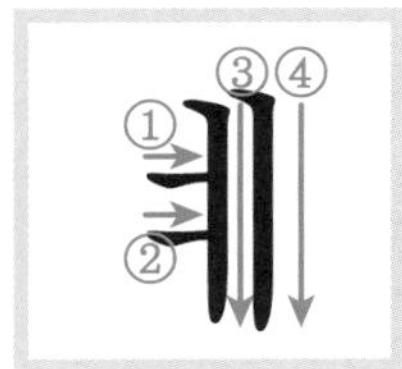

낱자의 소리를 알아봅시다.

 ㅚ의 소리를 알아봅시다.

1. ㅚ 이것은 '외'입니다. ㅚ는 무슨 소리가 나나요? '외' 소리([ㅚ])가 납니다.

2. 그림을 보면서 ㅚ 소리를 연습해 봅시다.

[ㅚ] 외투

3. 낱자의 소리를 말하면서 표시된 순서에 따라 써 봅시다.

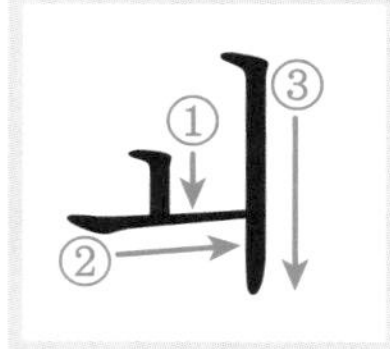

글자를 만들어 봅시다.

[ㅇ]과 [ㅖ]를 합치면 무슨 글자가 될까요?

1. 다음 그림처럼 낱자 카드(✄ 〈부록 7쪽〉)를 합치면서 발음해 봅시다. 'ㅇ'은 글자 앞에 쓰일 때(초성일 때), 아무 소리도 나지 않습니다.

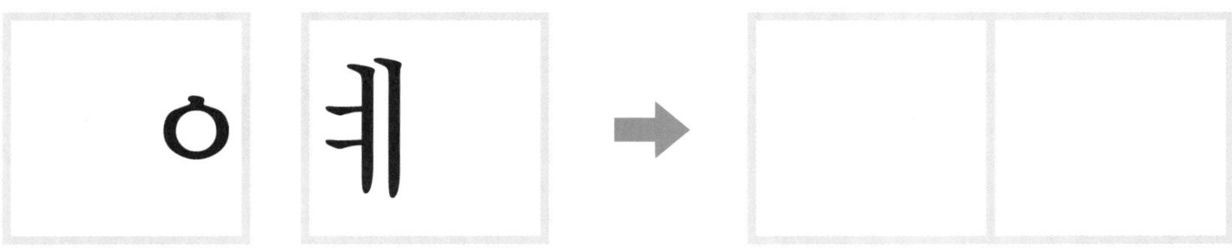

[ㅇ]과 [ㅢ]를 합치면 무슨 글자가 될까요?

1. 다음 그림처럼 낱자 카드(✄ 〈부록 7쪽〉)를 합치면서 발음해 봅시다. 'ㅇ'은 글자 앞에 쓰일 때(초성일 때), 아무 소리도 나지 않습니다.

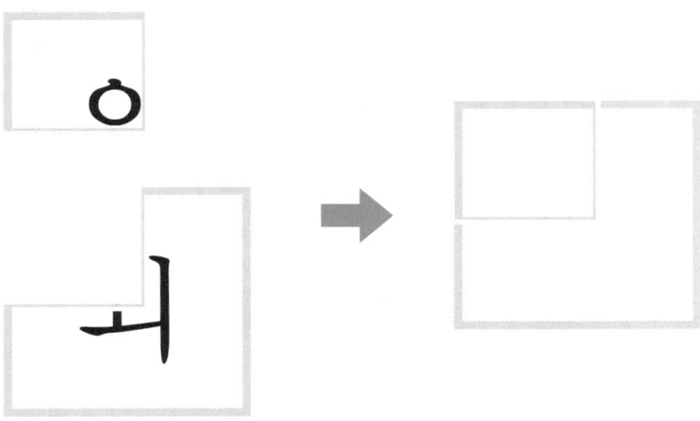

글자를 만들어 봅시다.

 [ㄱ]와 [ㅚ]를 합치면 무슨 글자가 될까요?

1. 용수철을 사용하여 소리를 합쳐 봅시다.

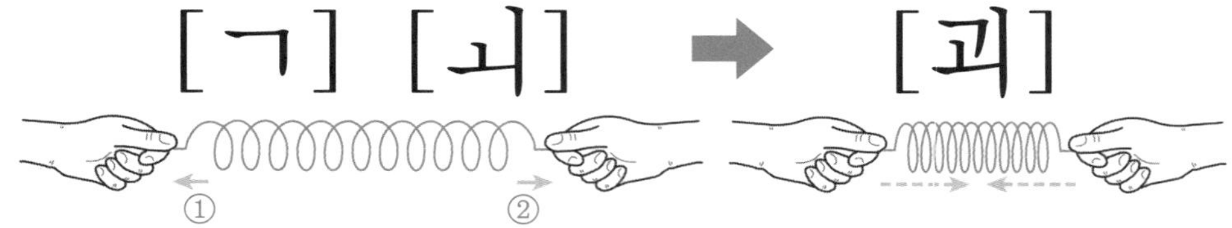

2. 다음 그림처럼 낱자 카드(✂ 〈부록 7쪽〉)를 사용하여 소리를 합쳐 봅시다.

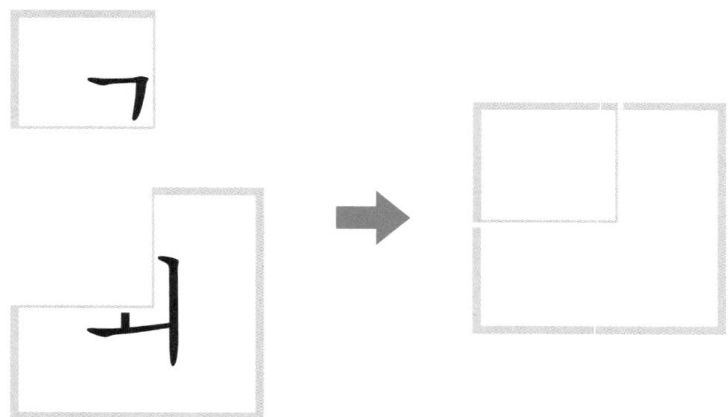

글자를 만들어 봅시다.

 [ㅎ]와 [ㅚ]를 합치면 무슨 글자가 될까요?

1. 용수철을 사용하여 소리를 합쳐 봅시다.

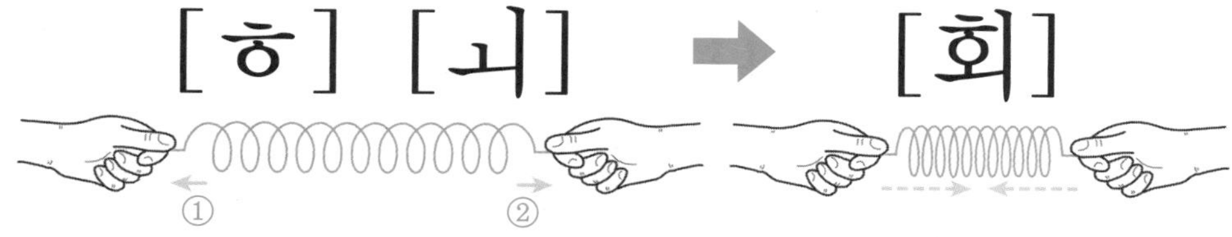

2. 다음 그림처럼 낱자 카드(✂ 〈부록 7쪽〉)를 사용하여 소리를 합쳐 봅시다.

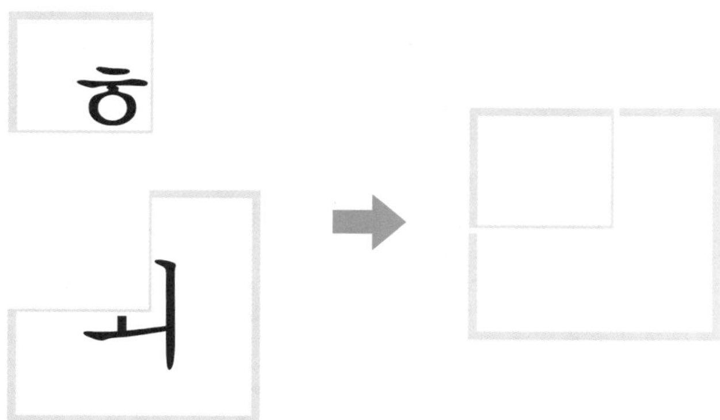

글자를 만들어 봅시다.

 [ㅊ]와 [ㅚ]를 합치면 무슨 글자가 될까요?

1. 용수철을 사용하여 소리를 합쳐 봅시다.

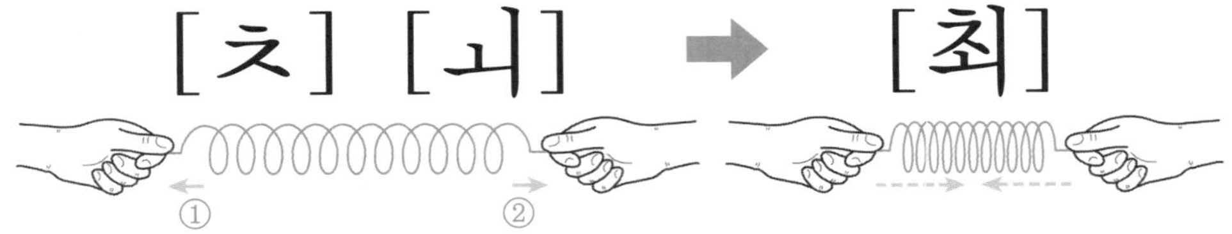

2. 다음 그림처럼 낱자 카드(✂ 〈부록 7쪽〉)를 사용하여 소리를 합쳐 봅시다.

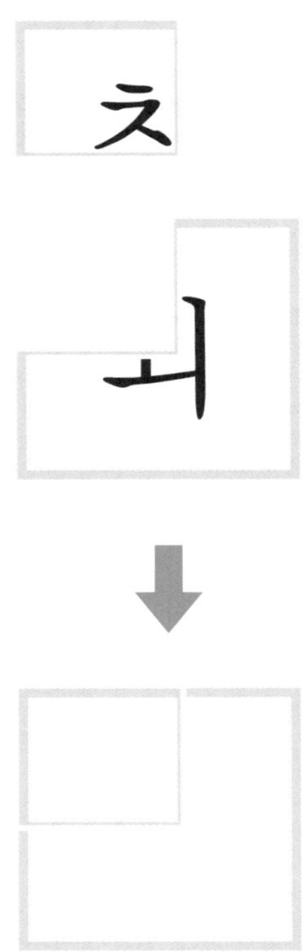

네모 칸에 있는 낱자를 각각 발음해 봅시다. 그다음, 낱자를 합쳐서 글자를 만들어 읽고 써 봅시다.

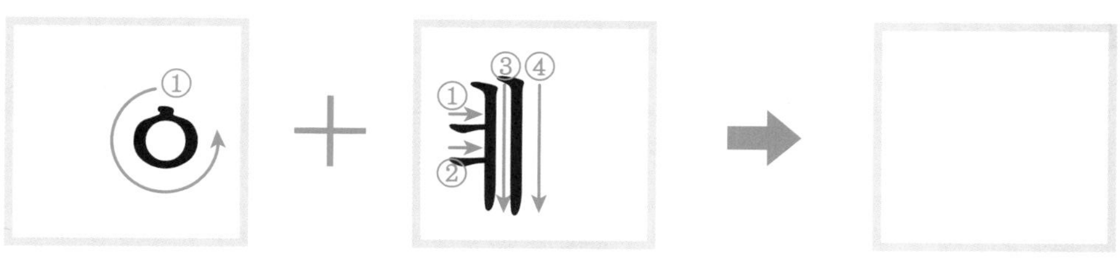

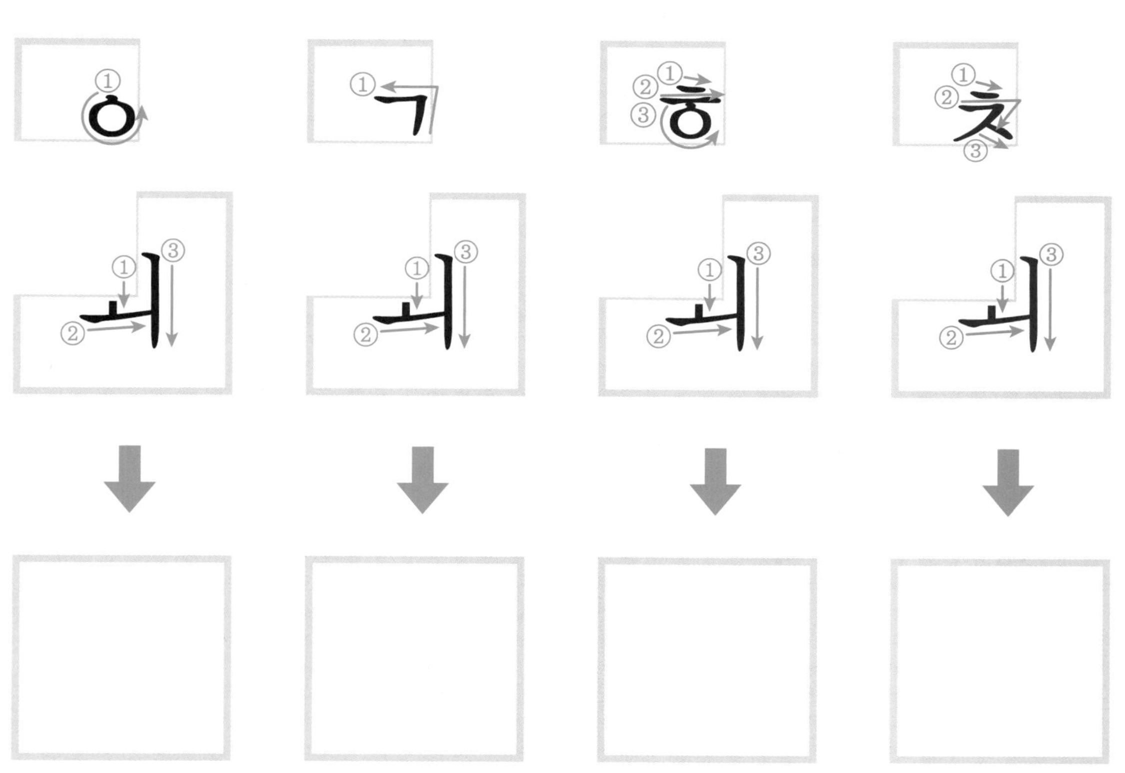

다음의 글자를 각각 발음해 봅시다. 그다음, 글자를 합쳐서 단어를 만들어 쓰고 읽어 봅시다.

○ 외 + 투 ➡ [ ]

○ 야 + 외 ➡ [ ]

○ 괴 + 짜 ➡ [ ]

○ 괴 + 수 ➡ [ ]

○ 교 + 회 ➡ [ ]

○ 후 + 회 ➡ [ ]

○ 최 + 대 ➡ [ ]

○ 최 + 고 ➡ [ ]

○ 예 + 외 ➡ [ ]

○ 예 + 의 ➡ [ ]

○ 노 + 예 ➡ [ ]

〈보기〉의 단어를 소리 내어 읽어 봅시다. 그다음, 각 문장에 알맞은 단어를 〈보기〉에서 찾아 써 봅시다.

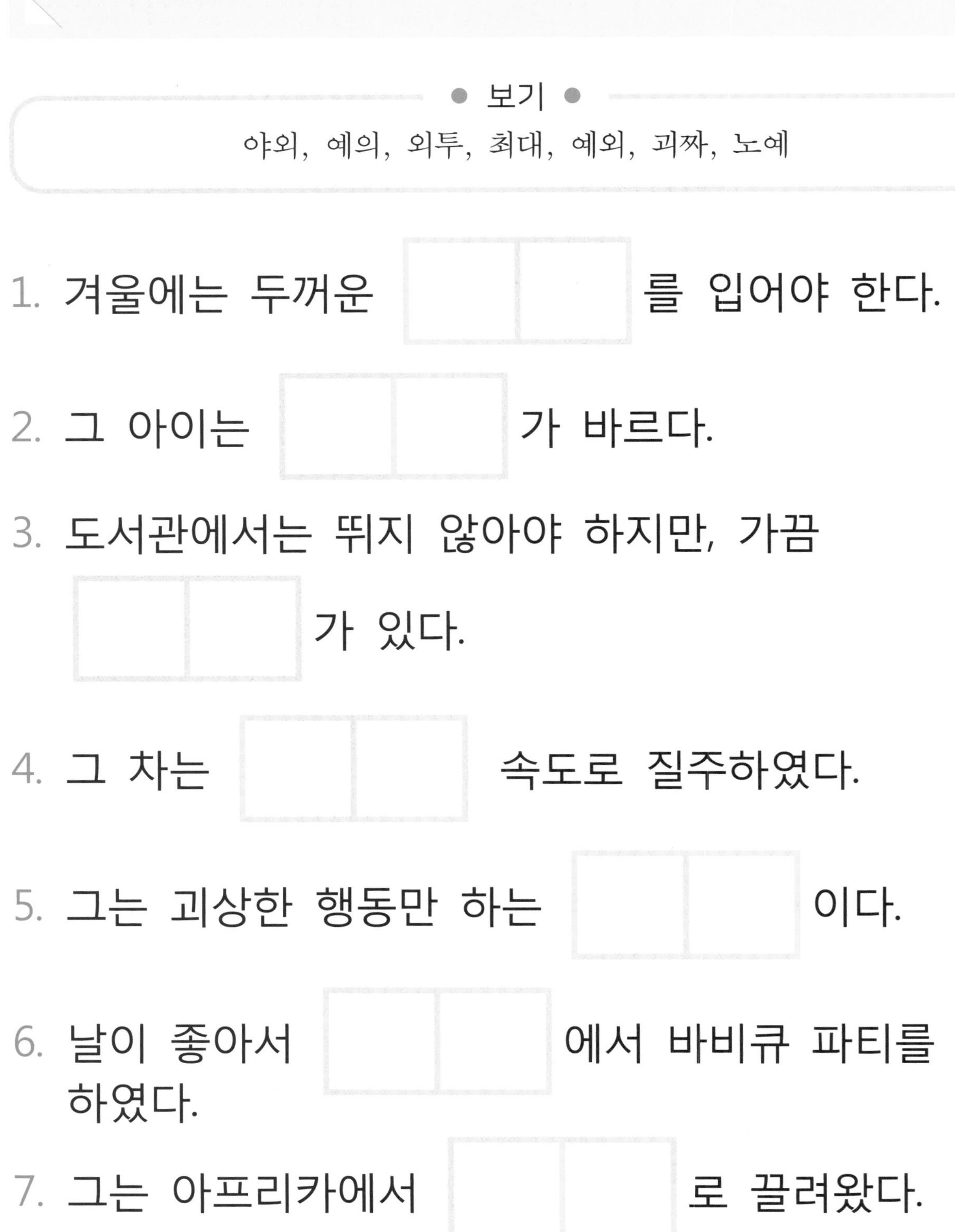

● 보기 ●

야외, 예의, 외투, 최대, 예외, 괴짜, 노예

1. 겨울에는 두꺼운 [ ][ ] 를 입어야 한다.
2. 그 아이는 [ ][ ] 가 바르다.
3. 도서관에서는 뛰지 않아야 하지만, 가끔 [ ][ ] 가 있다.
4. 그 차는 [ ][ ] 속도로 질주하였다.
5. 그는 괴상한 행동만 하는 [ ][ ] 이다.
6. 날이 좋아서 [ ][ ] 에서 바비큐 파티를 하였다.
7. 그는 아프리카에서 [ ][ ] 로 끌려왔다.

그림을 보고, 단어를 완성해 보세요.

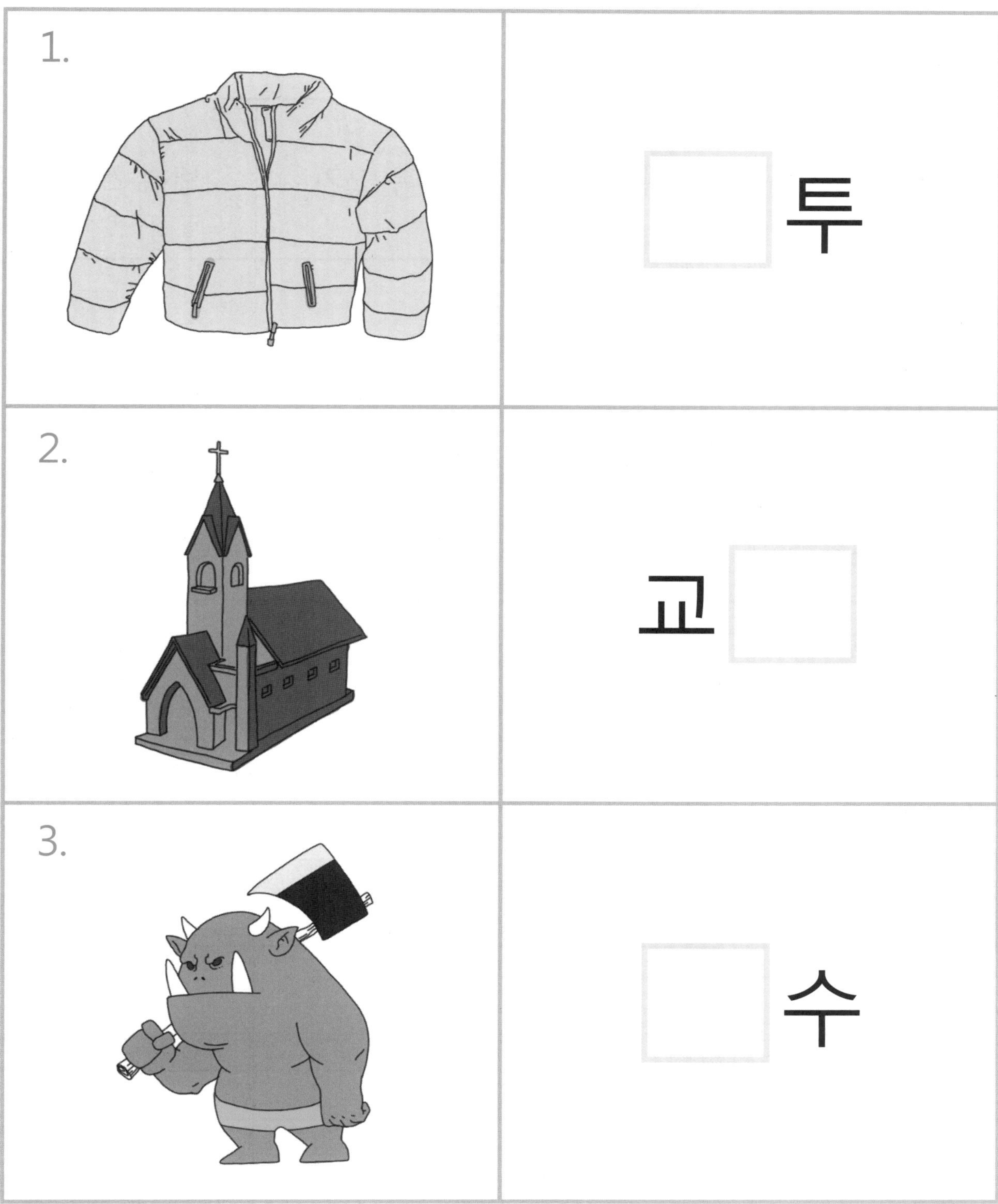

'ㅔ'와 'ㅚ'에 ○를 치면서 각 단어를 읽어 봅시다. 그다음, 각 단어를 가림판으로 가리고 외워서 쓴 후, 맞게 썼는지 확인해 봅시다. 그리고 각 단어를 두 번 더 반복하여 써 봅시다.

'ㅔ'와 'ㅚ'에 ○를 치면서 읽기	기억하여 쓰기	반복 쓰기	반복 쓰기
외투			
야외			
괴짜			
괴수			
교회			
후회			
최대			
최고			
예외			
예의			
노예			

빈칸에 알맞은 단어를 골라 적으세요.

1. 그는 아프리카에서 ________로 끌려왔다.

① 노애 ② 노예 ③ 노얘

2. 신청자가 적어서 축구교실이 ________되었다.

① 폐지 ② 페지 ③ 패지

3. 이 음식점은 ________의 맛을 자랑한다.

① 체고 ② 채고 ③ 최고

4. 거짓말을 한 것이 ________된다.

① 후외 ② 후회 ③ 후홰

5. 모두가 규칙을 따라야 한다. 그 누구도 ________가 될 수 없다.

① 얘외 ② 예외 ③ 예왜

빈칸에 알맞은 낱자를 적어 넣어 봅시다.

1. 그는 학교에서 유명한 ㄱ 짜이다.

2. 공공장소에서는 ㅇ 의를 지켜야 한다.

3. 그 누구도 ㅇ 외는 없다.

4. 날씨가 좋아서 야 ㅇ 에서 수업을 하였다.

5. 날씨가 추워서 ㅇ 투를 입었다.

6. 사람들을 괴롭히는 ㄱ 수를 무찔렀다.

7. TV 볼륨을 ㅊ 고로 하였다.

이전 활동에서 완성한 단어들을 같은 낱자로 시작되는 단어끼리 단어 카드(✂ 〈부록 13쪽〉)를 사용하여 붙여 봅시다. 그다음, 같은 낱자로 시작되는 단어끼리 소리 내어 읽어 봅시다.

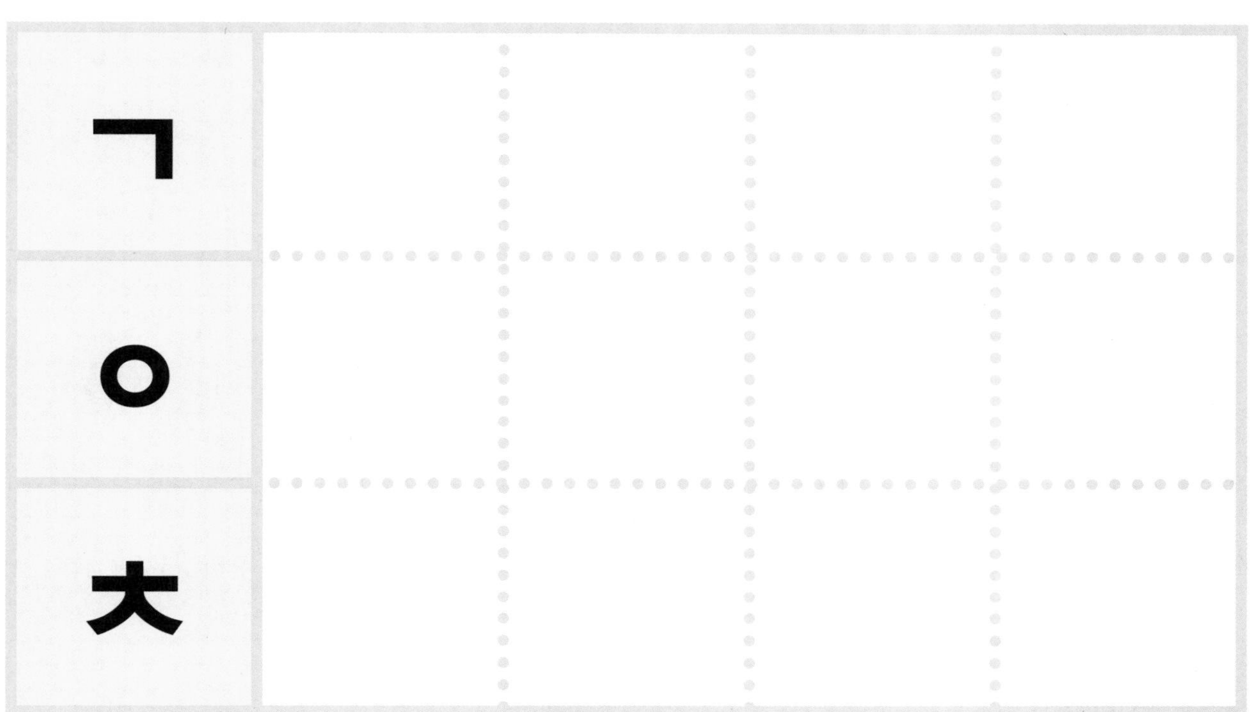

사후평가

"선생님이 불러 주는 단어를 받아 적는 문제입니다. 잘 듣고, 답안지에 단어를 받아 적어 보세요."

(정답지 p. 313에 평가 문항 제시)

번호	단어
1	
2	
3	
4	
5	
6	
7	
8	

17차시 모음 ㅖ, ㅙ: 폐쇄

학습목표

모음 ㅖ, ㅙ가 포함된 단어를 정확하게 읽고 쓸 수 있다.

사전평가

"선생님이 불러 주는 단어를 받아 적는 문제입니다. 잘 듣고, 답안지에 단어를 받아 적어 보세요."

(정답지 p. 314에 평가 문항 제시)

번호	단어
1	
2	
3	
4	
5	
6	
7	
8	

수업

제목을 살펴봅시다. 제목에서 모음 'ㅔ'와 'ㅙ'에 ○를 쳐 봅시다.

폐 쇄

낱자의 소리를 알아봅시다.

ㅙ의 소리를 알아봅시다.

1. ㅙ 이것은 '왜'입니다. ㅙ는 무슨 소리가 나나요? '왜' 소리([ㅙ])가 납니다.

2. 그림을 보면서 ㅙ 소리를 연습해 봅시다.

[ㅙ] 왜가리

3. 낱자의 소리를 말하면서 표시된 순서에 따라 써 봅시다.

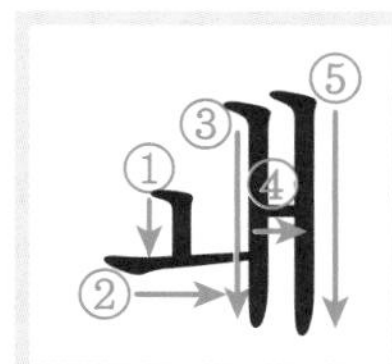

낱자의 소리를 알아봅시다.

 ㅖ의 소리를 알아봅시다.

1. ㅖ 이것은 예입니다. ㅖ는 무슨 소리가 나나요? '예' 소리([ㅖ])가 납니다.
   그런데, 'ㅖ'는 '예'일 때를 제외하고는 [ㅔ] 소리가 납니다.

2. 'ㅖ'가 '예'일 때를 제외하고는 어떤 소리가 난다고 했지요?
   [ㅔ] 소리가 납니다.

3. 그림을 보면서 연습해 봅시다.

[ㅔ] 폐수

글자를 만들어 봅시다.

 [ㅇ]과 [ㅙ]를 합치면 무슨 글자가 될까요?

1. 다음 그림처럼 낱자 카드(✄ 〈부록 8쪽〉)를 합치면서 발음해 봅시다. 'ㅇ'은 글자 앞에 쓰일 때(초성일 때), 아무 소리도 나지 않습니다.

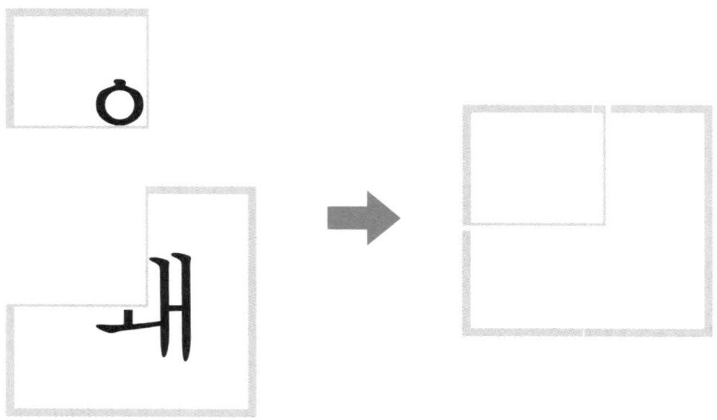

[ㅅ]와 [ㅙ]를 합치면 무슨 글자가 될까요?

1. 용수철을 사용하여 소리를 합쳐 봅시다.

2. 다음 그림처럼 낱자 카드(✄ 〈부록 8쪽〉)를 사용하여 소리를 합쳐 봅시다.

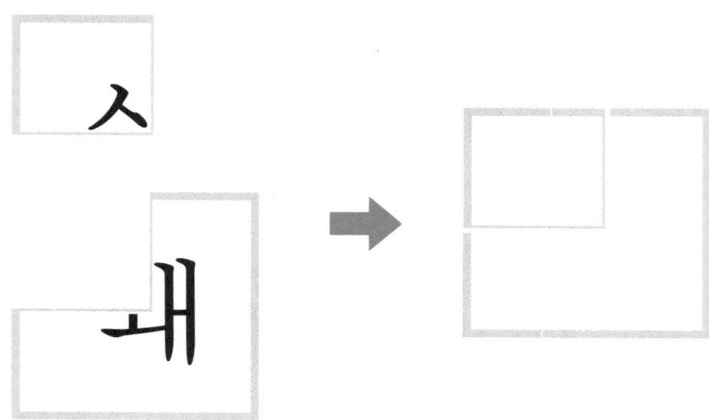

글자를 만들어 봅시다.

[ㄷ]와 [ㅙ]를 합치면 무슨 글자가 될까요?

1. 용수철을 사용하여 소리를 합쳐 봅시다.

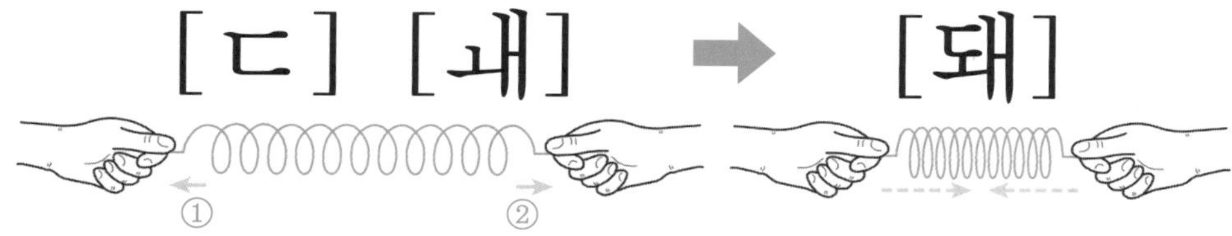

2. 다음 그림처럼 낱자 카드(✂ 〈부록 8쪽〉)를 사용하여 소리를 합쳐 봅시다.

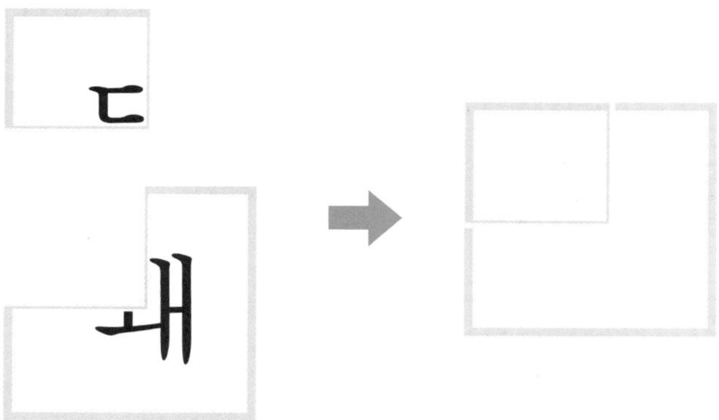

글자를 만들어 봅시다.

 [ㅍ]와 [ㅖ]를 합치면 무슨 글자가 될까요?

1. 용수철을 사용하여 소리를 합쳐 봅시다. 'ㅖ'가 '예'일 때를 제외하고는 어떤 소리가 난다고 했지요? [ㅔ] 소리가 납니다.

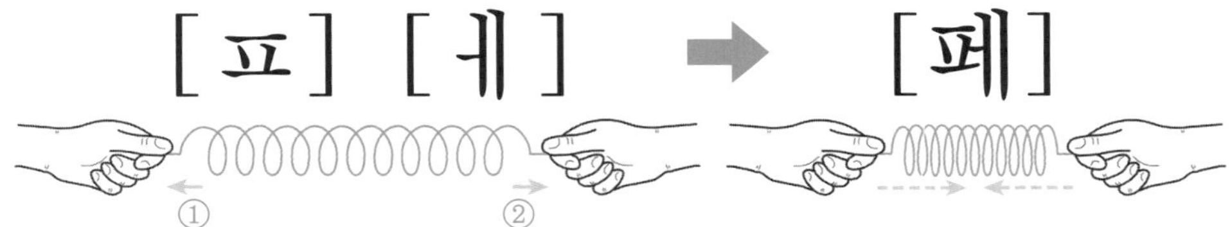

2. 다음 그림처럼 낱자 카드(✂ 〈부록 8쪽〉)를 사용하여 소리를 합쳐 봅시다.

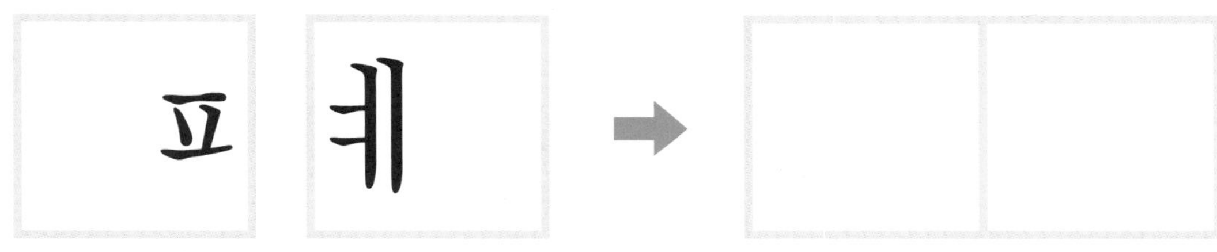

네모 칸에 있는 낱자를 각각 발음해 봅시다. 그다음, 낱자를 합쳐서 글자를 만들어 읽고 써 봅시다.

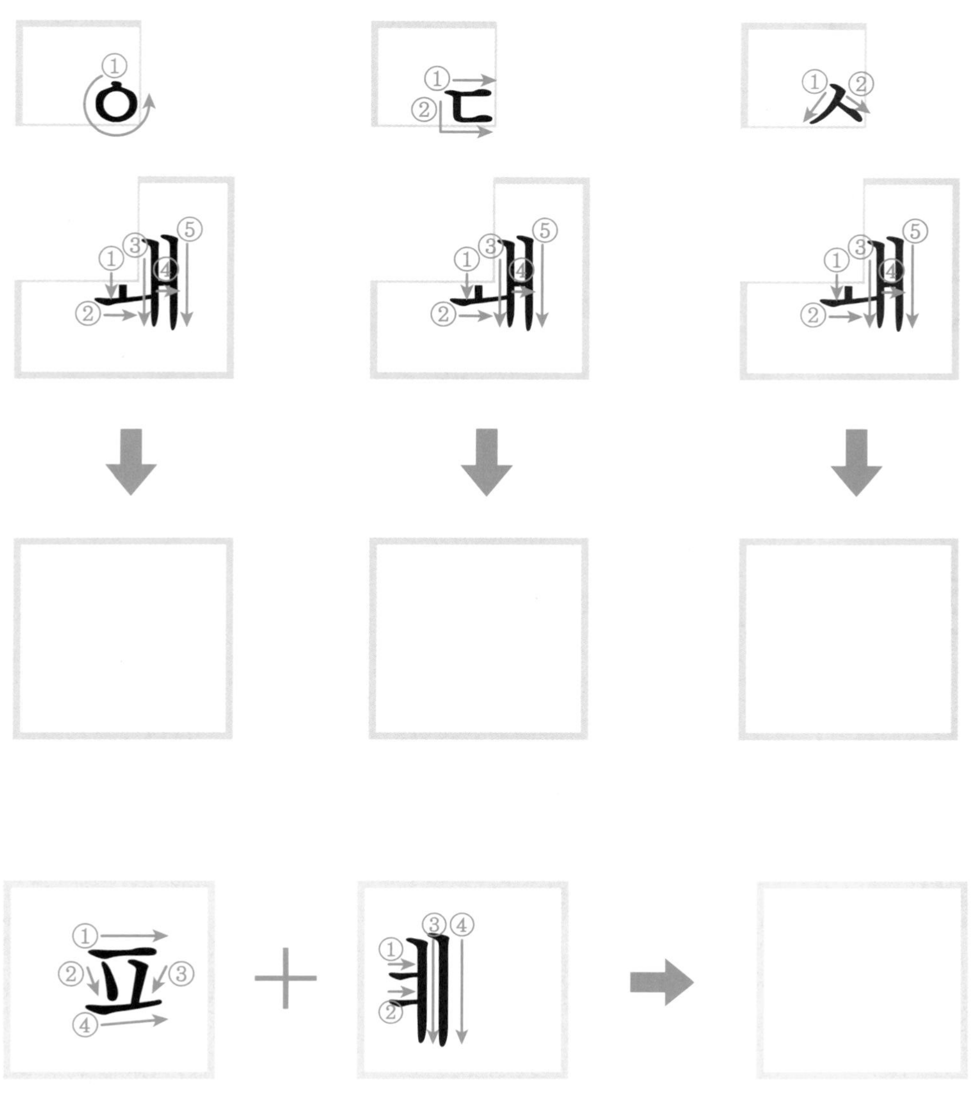

다음의 글자를 각각 발음해 봅시다. 그다음, 글자를 합쳐서 단어를 만들어 쓰고 읽어 봅시다.

○ 폐 + 수 ➡ [ ]

○ 지 + 폐 ➡ [ ]

○ 화 + 폐 ➡ [ ]

○ 폐 + 가 ➡ [ ]

○ 폐 + 쇄 ➡ [ ]

○ 폐 + 지 ➡ [ ]

○ 쇄 + 도 ➡ [ ]

○ 왜 + 구 ➡ [ ]

○ 왜 + 가 + 리 ➡ [ ]

○ 왜 + 소 + 하 + 다 ➡ [ ]

○ 돼 + 지 ➡ [ ]

〈보기〉의 단어를 소리 내어 읽어 봅시다. 그다음, 각 문장에 알맞은 단어를 〈보기〉에서 찾아 써 봅시다.

● 보기 ●

폐가, 폐쇄, 돼지, 화폐, 왜가리, 폐지, 폐수

1. 출입구를 [ ][ ] 했다.
2. 공장 [ ][ ] 가 바다로 흘러갔다.
3. [ ][ ] 는 뚱뚱하다.
4. [ ][ ][ ] 는 백로를 닮은 새이다.
5. 그 마을에는 아무도 살지 않는 [ ][ ] 가 많다.
6. 신청자가 적어서 축구교실이 [ ][ ] 되었다.
7. [ ][ ] 박물관에는 여러 나라의 [ ][ ] 가 전시되어 있다.

그림을 보고, 단어를 완성해 보세요.

1. 	□ 가리
2. 	지 □
3. 	□ 수
4. 	□ 지

'ㅖ'와 'ㅙ'에 ○를 치면서 각 단어를 읽어 봅시다. 그다음, 각 단어를 가림판으로 가리고 외워서 쓴 후, 맞게 썼는지 확인해 봅시다. 그리고 각 단어를 두 번 더 반복하여 써 봅시다.

'ㅖ'와 'ㅙ'에 ○를 치면서 읽기	기억하여 쓰기	반복 쓰기	반복 쓰기
폐수			
지폐			
화폐			
폐가			
폐쇄			
폐지하다			
쇄도			
왜구			
왜가리			
왜소하다			
돼지			

빈칸에 알맞은 단어를 골라 적으세요.

1. 우리 오빠는 몸이 ________.

① 외소하다　② 왜소하다　③ 웨소하다

2. 축구경기를 할 때는 치킨 집에 주문이 ________한다.

① 쇠도　② 쇄도　③ 쉐도

3. 노예제도를 ________.

① 폐지하다　② 페지하다　③ 패지하다

4. 동전을 ________로 바꿨다.

① 지폐　② 지패　③ 지페

5. 공장에서 흘러나온 ________로 인해 물이 오염되었다.

① 페수　② 패수　③ 폐수

빈칸에 알맞은 낱자를 적어 넣어 봅시다.

1. 출입구를 폐 ㅅ 하였다.

2. 동전을 모아 지 ㅍ 로 바꾸다.

3. 주문이 ㅅ 도하다.

4. 그는 몸집이 ㅇ 소하다.

5. 공장 ㅍ 수가 바다로 흘러갔다.

6. 이 마을에는 아무도 살지 않는 ㅍ 가가 많다.

7. 옛날에는 조개껍질을 화 ㅍ 로 사용하였다.

이전 활동에서 완성한 단어들을 같은 낱자로 시작되는 단어끼리 단어 카드 (✂ 〈부록 13쪽〉)를 사용하여 붙여 봅시다. 그다음, 같은 낱자로 시작되는 단어끼리 소리 내어 읽어 봅시다.

ㅅ				
ㅇ				
ㅈ				
ㅍ				
ㅎ				

사후평가

"선생님이 불러 주는 단어를 받아 적는 문제입니다. 잘 듣고, 답안지에 단어를 받아 적어 보세요."

(정답지 p. 314에 평가 문항 제시)

번호	단어
1	
2	
3	
4	
5	
6	
7	
8	

18차시 된소리 자음 ㄲ, 모음 ㅟ: 까마귀

학습목표

자음 ㄲ, 모음 ㅟ가 포함된 단어를 정확하게 읽고 쓸 수 있다.

사전평가

"선생님이 불러 주는 단어를 받아 적는 문제입니다. 잘 듣고, 답안지에 단어를 받아 적어 보세요."

(정답지 p. 315에 평가 문항 제시)

번호	단어
1	
2	
3	
4	
5	
6	
7	
8	

수업

제목을 살펴봅시다. 제목에서 모음 'ㅑ'과 'ㅟ'에 ○를 쳐 봅시다.

까 마 귀

낱자의 소리를 알아봅시다.

ㄲ의 소리를 알아봅시다.

1. ㄲ 이것은'쌍기역'입니다. ㄲ은 무슨 소리가 나나요? '끄' 소리([ㄲ])가 납니다.

2. 그림을 보면서 ㄲ 소리를 연습해 봅시다.

[ㄲ] 꼬리

3. 낱자의 소리를 말하면서 표시된 순서에 따라 써 봅시다.

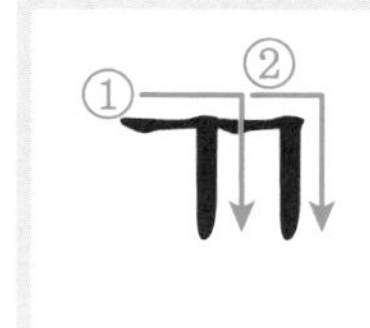

낱자의 소리를 알아봅시다.

 ㅟ의 소리를 알아봅시다.

1. ㅟ 이것은 '위'입니다. ㅟ는 무슨 소리가 나나요? '위' 소리([ㅟ])가 납니다.

2. 그림을 보면서 ㅟ 소리를 연습해 봅시다.

[ㅟ] 위로

3. 낱자의 소리를 말하면서 표시된 순서에 따라 써 봅시다.

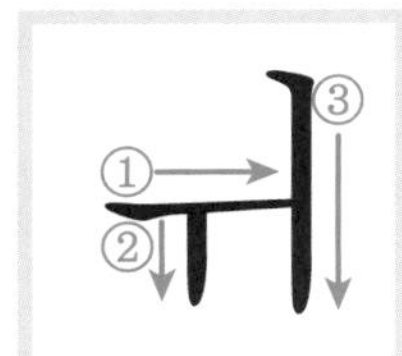

글자를 만들어 봅시다.

[ㅇ]과 [ㅟ]를 합치면 무슨 글자가 될까요?

1. 다음 그림처럼 낱자 카드(✂ 〈부록 8쪽〉)를 합치면서 발음해 봅시다. 'ㅇ'은 글자 앞에 쓰일 때(초성일 때), 아무 소리도 나지 않습니다.

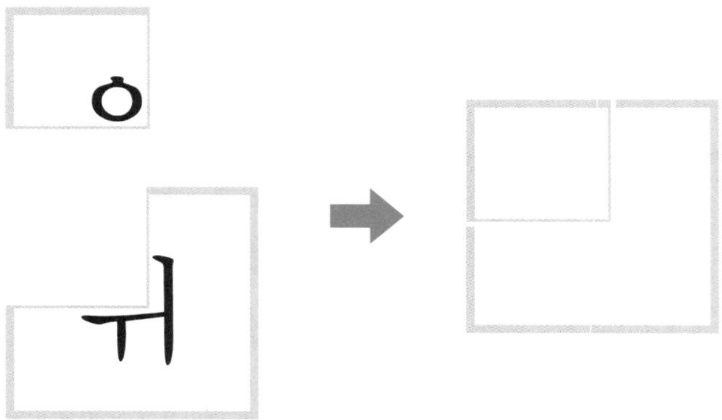

[ㄱ]와 [ㅟ]를 합치면 무슨 글자가 될까요?

1. 용수철을 사용하여 소리를 합쳐 봅시다.

2. 다음 그림처럼 낱자 카드(✂ 〈부록 8쪽〉)를 사용하여 소리를 합쳐 봅시다.

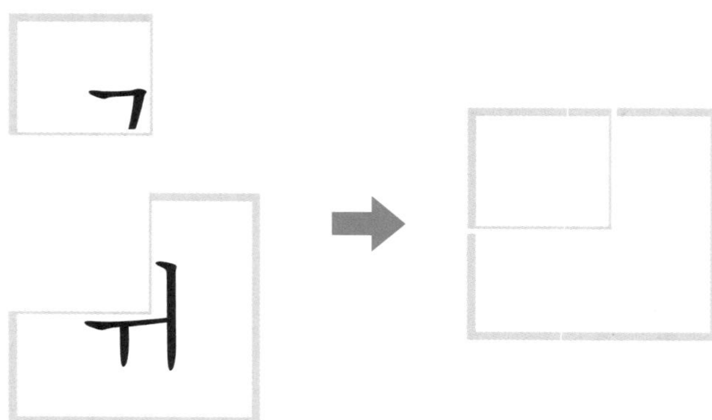

글자를 만들어 봅시다.

 [ㄲ]와 [ㅟ]를 합치면 무슨 글자가 될까요?

1. 용수철을 사용하여 소리를 합쳐 봅시다.

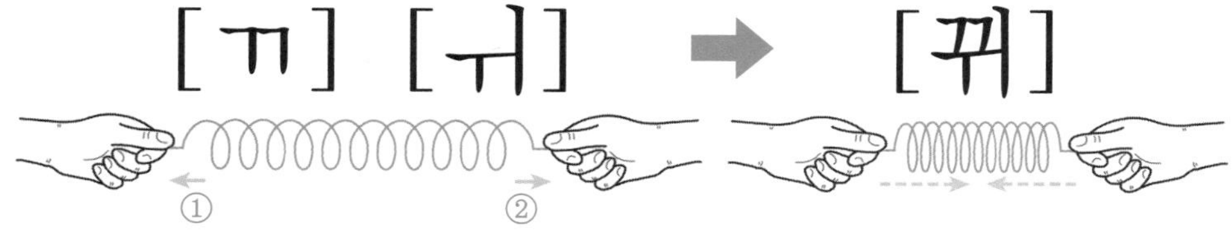

2. 다음 그림처럼 낱자 카드(✂ 〈부록 8쪽〉)를 사용하여 소리를 합쳐 봅시다.

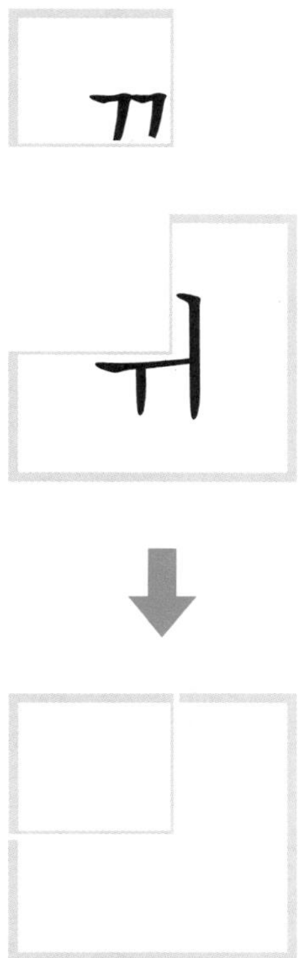

네모 칸에 있는 낱자를 각각 발음해 봅시다. 그다음, 낱자를 합쳐서 글자를 만들어 읽고 써 봅시다.

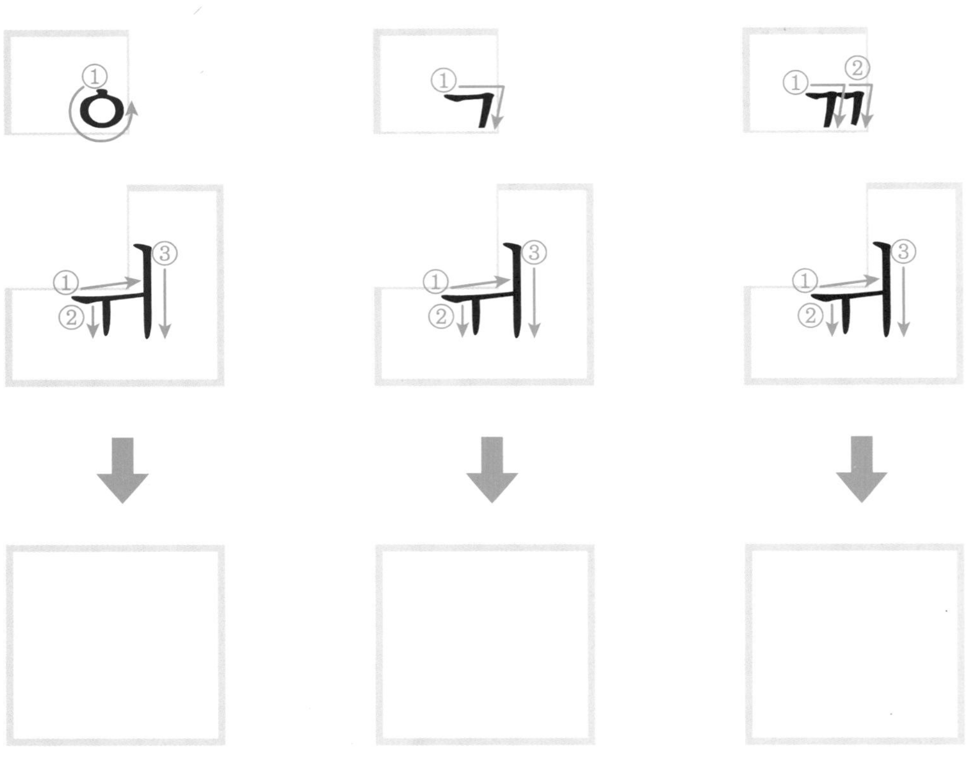

다음의 글자를 각각 발음해 봅시다. 그다음, 글자를 합쳐서 단어를 만들어 쓰고 읽어 봅시다.

○ 위 + 로 → ☐

○ 위 + 기 → ☐

○ 추 + 위 → ☐

○ 거 + 위 → ☐

○ 스 + 위 + 치 → ☐

○ 까 + 마 + 귀 ➡

○ 귀 + 하 + 게 ➡

○ 지 + 저 + 귀 + 다 ➡

○ 기 + 저 + 귀 ➡

○ 뀌 + 다 ➡

○ 바 + 뀌 + 다 ➡

〈보기〉의 단어를 소리 내어 읽어 봅시다. 그다음, 각 문장에 알맞은 단어를 〈보기〉에서 찾아 써 봅시다.

● 보기 ●

바뀌다, 스위치, 위기, 지저귀다, 추위, 위로

1. ☐☐☐를 눌러 불을 껐다.

2. 울고 있는 친구를 ☐☐했다.

3. 그는 ☐☐ 때문에 온 몸을 떨었다.

4. 나무 위의 새가 ☐☐☐☐.

5. 선생님의 머리 스타일이 ☐☐☐.

6. 경제 ☐☐를 극복하다.

그림을 보고, 단어를 완성해 보세요.

1.	까마 □
2.	거 □

'ㄲ'과 'ㅟ'에 ○를 치면서 각 단어를 읽어 봅시다. 그다음, 각 단어를 가림판으로 가리고 외워서 쓴 후, 맞게 썼는지 확인해 봅시다. 그리고 각 단어를 두 번 더 반복하여 써 봅시다.

'ㄲ'과 'ㅟ'에 ○를 치면서 읽기	기억하여 쓰기	반복 쓰기	반복 쓰기
위로			
위기			
추위			
거위			
스위치			
까마귀			
귀하게			
지저귀다			
뀌다			
바뀌다			
기저귀			

빈칸에 알맞은 단어를 골라 적으세요.

1. 그는 매우 __________ 자랐다.

① 귀하개 ② 귀하게 ③ 긔하개

2. 나무 위의 새가 __________.

① 지저기다 ② 지저귀다 ③ 지져귀다

3. 방귀를 __________.

① 뀌다 ② 끼다 ③ 꾸다

4. 아기는 __________를 찬다.

① 기저기 ② 기저귀 ③ 기저긔

5. 다행히 그는 __________를 극복하였다.

① 우기 ② 외기 ③ 위기

빈칸에 알맞은 낱자를 적어 넣어 봅시다.

1. 방귀를 [ㄲ] 다.

2. 소방관은 [ㅇ] 기에 처한 사람들을 구했다.

3. 새들이 지저 [ㄱ] 다.

4. 신호가 빨간불로 바 [ㄲ] 다.

5. 나는 추 [ㅇ] 를 매우 탄다.

6. 전등 스 [ㅇ] 치를 끄다.

7. 그녀는 공주처럼 [ㄱ] 하게 자랐다.

8. 까마 [ㄱ] 는 까옥까옥 울었다.

9. 울고 있는 나에게 [ㅇ] 로의 말을 해 주었다.

이전 활동에서 완성한 단어들을 같은 낱자로 시작되는 단어끼리 단어 카드 (✄ 〈부록 13쪽〉)를 사용하여 붙여 봅시다. 그다음, 같은 낱자로 시작되는 단어끼리 소리 내어 읽어 봅시다.

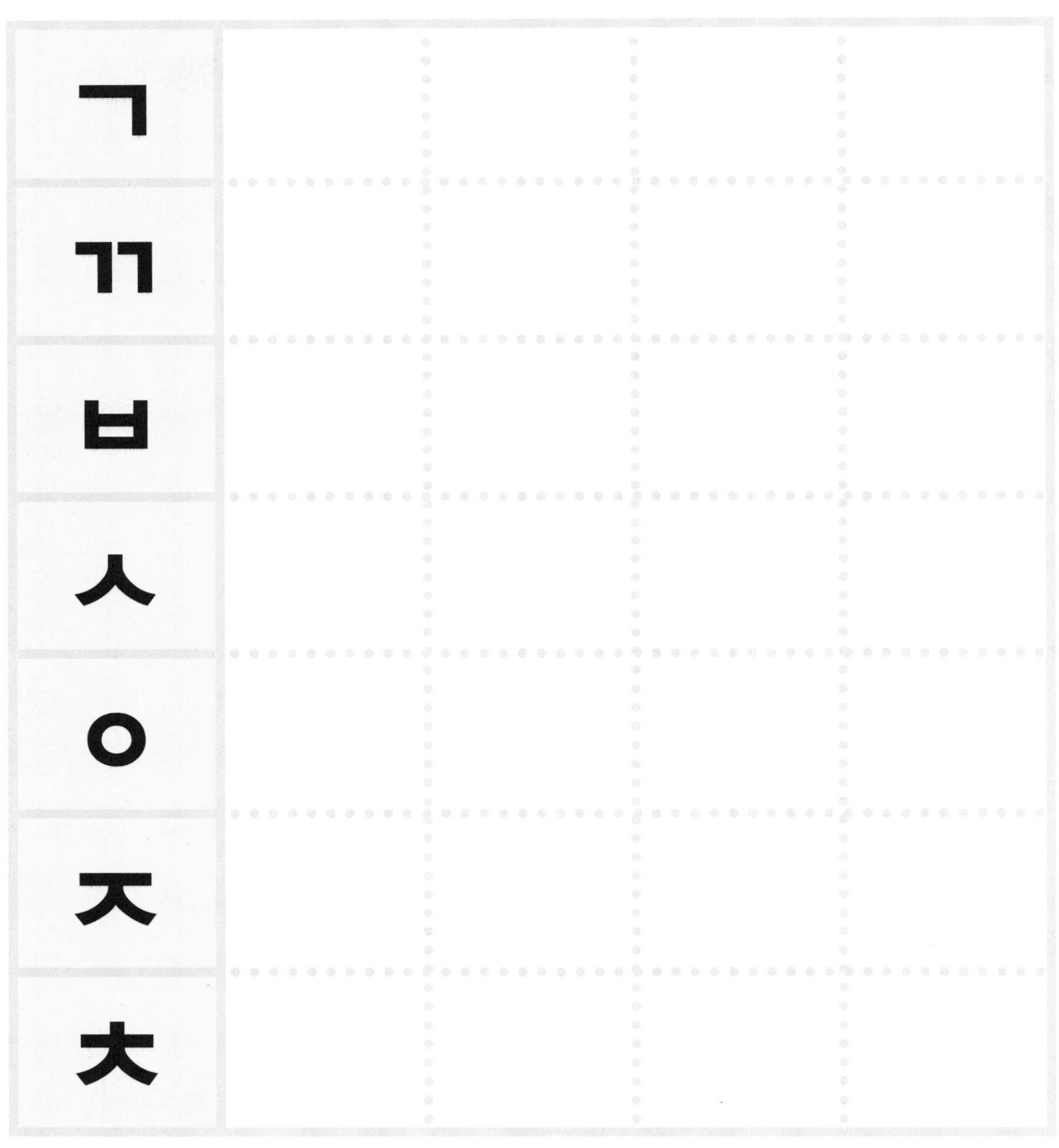

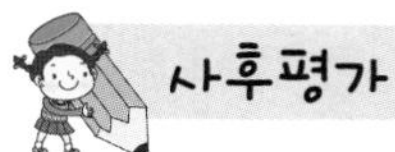

"선생님이 불러 주는 단어를 받아 적는 문제입니다. 잘 듣고, 답안지에 단어를 받아 적어 보세요."

(정답지 p. 315에 평가 문항 제시)

번호	단어
1	
2	
3	
4	
5	
6	
7	
8	

19차시 모음 ㅔ, ㅒ: 제비, 얘기

학습목표

모음 ㅔ, ㅒ가 포함된 단어를 정확하게 읽고 쓸 수 있다.

사전평가

“선생님이 불러 주는 단어를 받아 적는 문제입니다. 잘 듣고, 답안지에 단어를 받아 적어 보세요.”

(정답지 p. 316에 평가 문항 제시)

번호	단어
1	
2	
3	
4	
5	
6	
7	
8	

수업

제목을 살펴봅시다. 제목에서 모음 'ㅔ'와 'ㅒ'에 ○를 쳐 봅시다.

제 비 , 얘 기

낱자의 소리를 알아봅시다.

 ㅒ의 소리를 알아봅시다.

1. ㅒ 이것은 '얘'입니다. ㅒ는 무슨 소리가 나나요? '얘' 소리([ㅒ])가 납니다.

2. 그림을 보면서 ㅒ 소리를 연습해 봅시다.

[ㅒ] 얘기

3. 낱자의 소리를 말하면서 표시된 순서에 따라 써 봅시다.

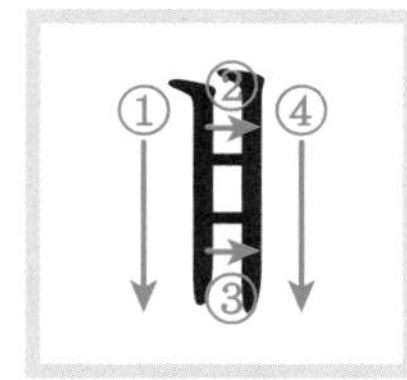

글자를 만들어 봅시다.

 [ㅇ]과 [ㅐ]를 합치면 무슨 글자가 될까요?

1. 다음 그림처럼 낱자 카드(✂ 〈부록 9쪽〉)를 합치면서 발음해 봅시다. ‘ㅇ’은 글자 앞에 쓰일 때(초성일 때), 아무 소리도 나지 않습니다.

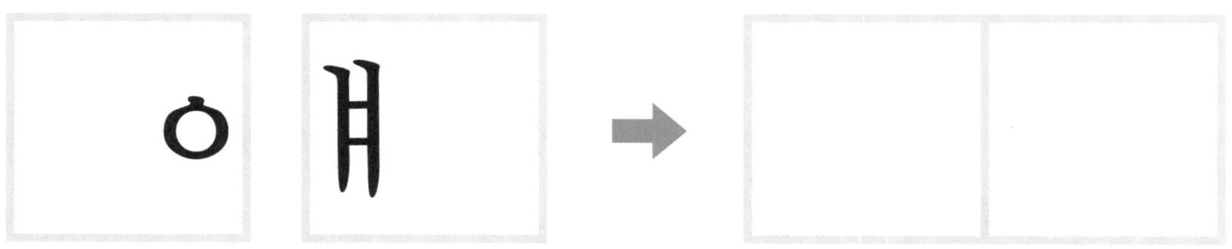

[ㅈ]와 [ㅔ]를 합치면 무슨 글자가 될까요?

1. 용수철을 사용하여 소리를 합쳐 봅시다.

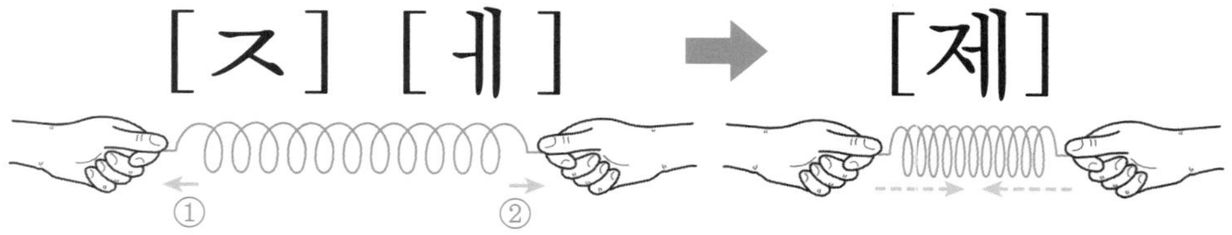

2. 다음 그림처럼 낱자 카드(✂ 〈부록 9쪽〉)를 사용하여 소리를 합쳐 봅시다.

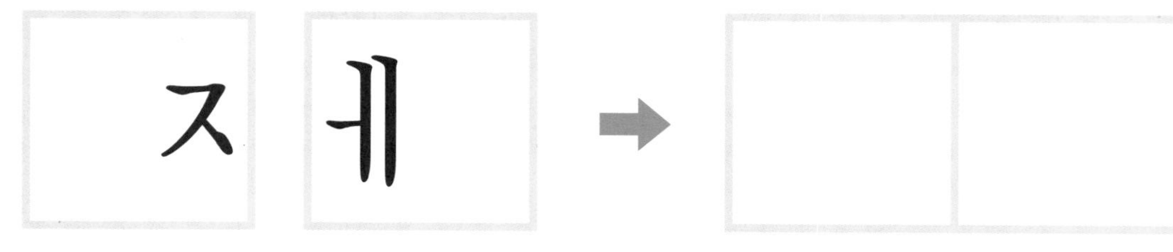

네모 칸에 있는 낱자를 각각 발음해 봅시다. 그다음, 낱자를 합쳐서 글자를 만들어 읽고 써 봅시다.

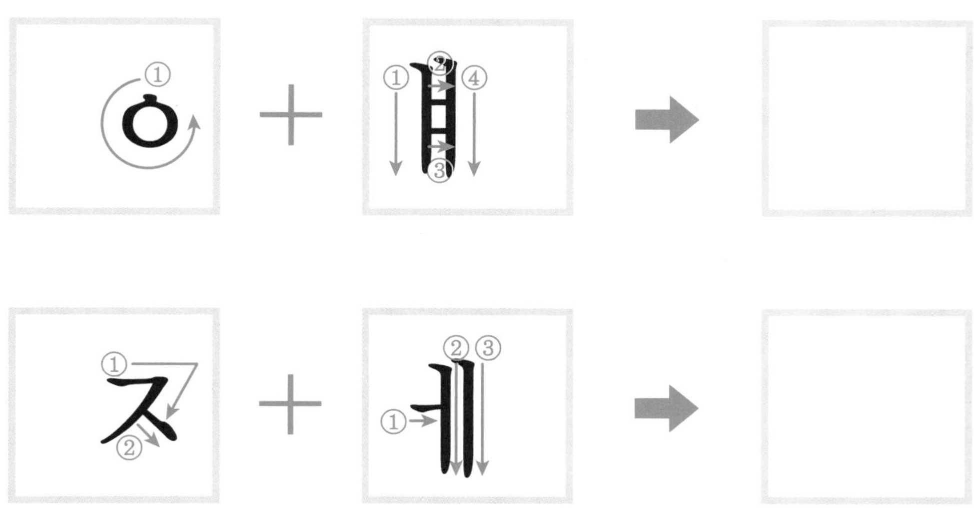

다음의 글자를 각각 발음해 봅시다. 그다음, 글자를 합쳐서 단어를 만들어 쓰고 읽어 봅시다.

○ 얘 + 기 ➡ [ ]

○ 하 + 얘 + 지 + 다 ➡ [ ]

○ 얘 + 기 + 하 + 다 ➡ [ ]

○ 제 + 비 ➡ [ ]

○ 수 + 제 + 비 ➡ [ ]

○ 제 + 사 ➡ [ ]

○ 제 + 조 ➡ [ ]

○ 제 + 트 ➡ [ ]

○ 제 + 자 + 리 ➡ [ ]

○ 세 + 제 ➡ [ ]

○ 이 + 제 + 야 ➡ [ ]

〈보기〉의 단어를 소리 내어 읽어 봅시다. 그다음, 각 문장에 알맞은 단어를 〈보기〉에서 찾아 써 봅시다.

● 보기 ●

제자리, 제조, 하얘지다, 얘기, 수제비

1. 친구와 많은 [ ][ ] 를 나눴다.

2. 점심으로 [ ][ ][ ] 를 해 먹었다.

3. 할아버지 머리가 [ ][ ][ ][ ] .

4. 우리 삼촌은 자동차 [ ][ ] 공장에 다닌다.

5. 사용한 물건을 [ ][ ][ ] 에 갖다 놓다.

그림을 보고, 단어를 완성해 보세요.

1.	□ 비
2.	세 □
3.	□ 사
4. Z	□ 트

'ㅔ'와 'ㅒ'에 ○를 치면서 각 단어를 읽어 봅시다. 그다음, 각 단어를 가림판으로 가리고 외워서 쓴 후, 맞게 썼는지 확인해 봅시다. 그리고 각 단어를 두 번 더 반복하여 써 봅시다.

'ㅔ'와 'ㅒ'에 ○를 치면서 읽기	기억하여 쓰기	반복 쓰기	반복 쓰기
얘기			
하얘지다			
얘기하다			
제비			
수제비			
제사			
제조			
제트			
제자리			
세제			
이제야			

빈칸에 알맞은 단어를 골라 적으세요.

1. 친구와 밤새도록 ________.

① 예기하다　② 얘기하다　③ 애기하다

2. 나는 ________ 그 사실을 알았다.

① 이제야　② 이재야　③ 이쟤야

3. 무공해 세탁 ________를 구입하였다.

① 세재　② 새제　③ 세제

4. 자동차 ________ 공장에 다녀왔다.

① 제조　② 죄조　③ 재조

5. ________를 지내기 위해 큰집에 다녀왔다.

① 재사　② 죄사　③ 제사

빈칸에 알맞은 낱자를 적어 넣어 봅시다.

1. 할머니께서 옛날 [ㅇ] 기를 해 주셨다.

2. 돌아가신 할아버지의 [ㅈ] 사를 지내다.

3. 점심으로 수 [ㅈ] 비를 먹었다.

4. 사용한 물건을 [ㅈ] 자리에 갖다 놓다.

5. [ㅅ] 제를 사용해서 설거지를 하다.

6. 숙제를 이 [ㅈ] 야 끝냈다.

7. 검게 탔던 얼굴이 다시 하 [ㅇ] 지다.

이전 활동에서 완성한 단어들을 같은 낱자로 시작되는 단어끼리 단어 카드(✂ 〈부록 13쪽〉)를 사용하여 붙여 봅시다. 그다음, 같은 낱자로 시작되는 단어끼리 소리 내어 읽어 봅시다.

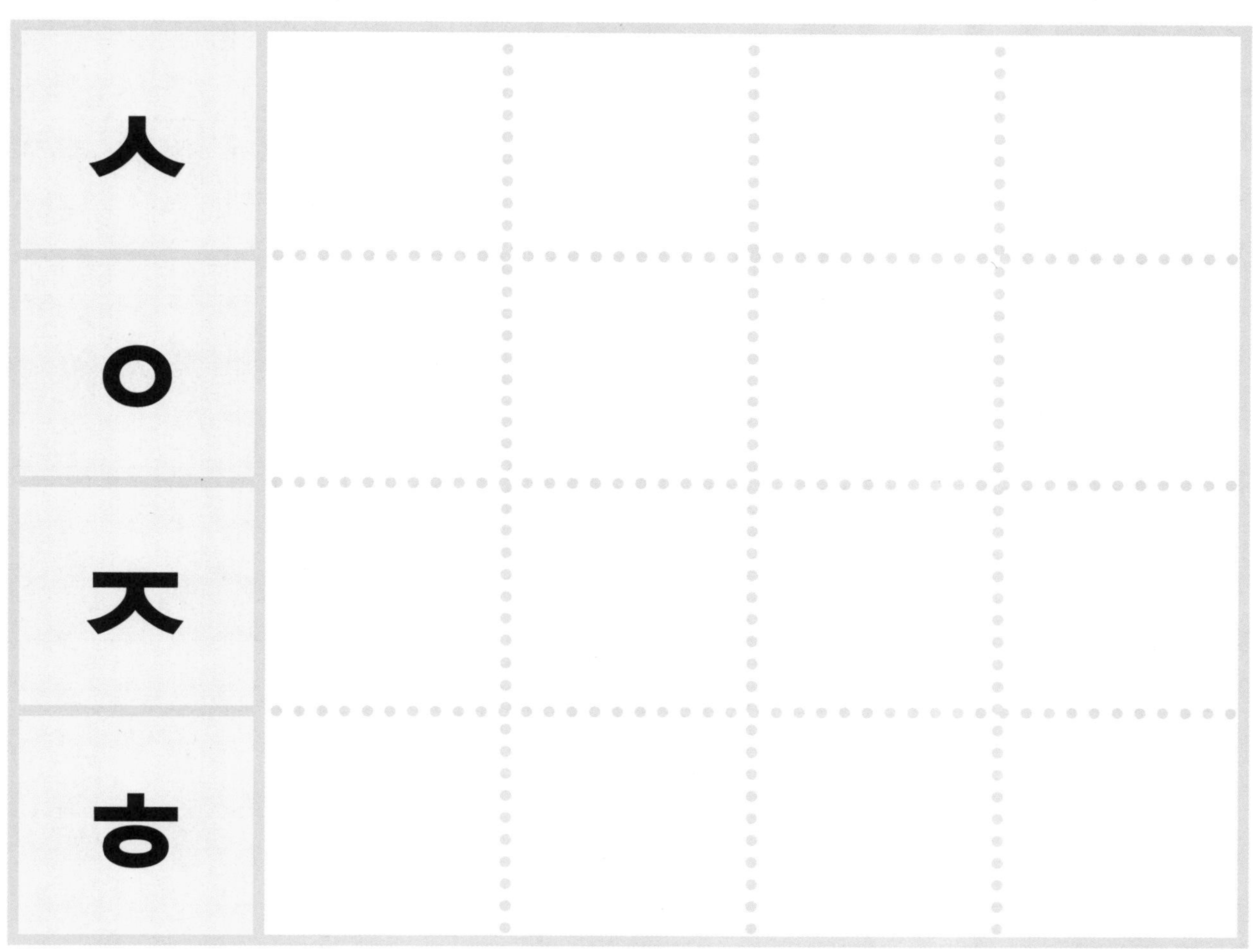

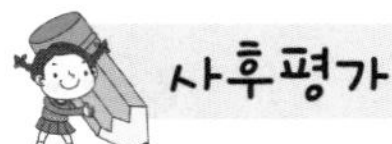

"선생님이 불러 주는 단어를 받아 적는 문제입니다. 잘 듣고, 답안지에 단어를 받아 적어 보세요."

(정답지 p. 316에 평가 문항 제시)

번호	단어
1	
2	
3	
4	
5	
6	
7	
8	

정답지

1차시 모음 ㅐ: 대추, 배추

사전평가(11쪽)

번호	단어(발음)	예	단어(발음)
1	대포(대포)	대포는 옛날에 쓰던 무기이다.	대포(대포)
2	배나무(배나무)	배나무에 배가 열렸다.	배나무(배나무)
3	대로(대로)	대로에 차가 많이 다닌다.	대로(대로)
4	파리채(파리채)	파리채로 파리를 잡았다.	파리채(파리채)
5	대도시(대도시)	대도시에는 사람들이 많이 산다.	대도시(대도시)
6	배우(배우)	내 꿈은 배우이다.	배우(배우)
7	배다(배다)	음식 냄새가 옷에 배다.	배다(배다)
8	배추(배추)	배추를 소금에 절인다.	배추(배추)

사후평가(24쪽)

번호	단어(발음)	예	단어(발음)
1	배우다(배우다)	누나에게 공부를 배우다.	배우다(배우다)
2	부채(부채)	더워서 부채질을 하다.	부채(부채)
3	초대(초대)	친구들을 내 생일 파티에 초대했다.	초대(초대)
4	파리채(파리채)	파리채로 파리를 잡았다.	파리채(파리채)
5	채소(채소)	채소를 먹으면 튼튼해진다.	채소(채소)
6	대추(대추)	대추가 잘 익었다.	대추(대추)
7	대파(대파)	찌개에 대파를 많이 넣었다.	대파(대파)
8	대나무(대나무)	대나무 숲을 거닐다.	대나무(대나무)

정답지

◆ 〈보기〉의 단어를 소리 내어 읽어 봅시다. 그다음, 각 문장에 알맞은 단어를 〈보기〉에서 찾아 써 봅시다. (18쪽)
1. 초대, 2. 채소, 3. 파리채, 4. 배우, 5. 배다, 6. 부채, 7. 대나무

◆ 그림을 보고, 단어를 완성해 보세요. (19쪽)
1. 배나무, 2. 대추, 3. 부채, 4. 대표

◆ 빈칸에 알맞은 단어를 골라 적으세요. (21쪽)
1. ②, 2. ①, 3. ②, 4. ②, 5. ②, 6. ①

◆ 빈칸에 알맞은 낱자를 적어 넣어 봅시다. (22쪽)
1. 배다, 2. 채소, 3. 배우다, 4. 파리채, 5. 초대, 6. 배우, 7. 대파, 8. 대도시

2차시 된소리 자음 ㅉ, 모음 ㅐ : 찌개

사전평가(25쪽)

번호	단어(발음)	예	단어(발음)
1	찌개(찌개)	식은 찌개를 뜨겁게 데우다.	찌개(찌개)
2	가짜(가짜)	가짜 장난감 과자는 먹을 수 없다.	가짜(가짜)
3	찌다(찌다)	요새 살이 찌다.	찌다(찌다)
4	어째서(어째서)	어째서 너희는 만나기만 하면 싸우니?	어째서(어째서)
5	조개(조개)	친구와 함께 바닷가에서 조개를 주웠다.	조개(조개)
6	어찌(어찌)	어찌 이리 배가 고프지?	어찌(어찌)
7	째지다(째지다)	넘어져서 살이 째지다.	째지다(째지다)
8	짜다(짜다)	소금을 많이 넣어 음식이 짜다.	짜다(짜다)

사후평가(39쪽)

번호	단어(발음)	예	단어(발음)
1	개구리(개구리)	냇가에서 개구리를 보았다.	개구리(개구리)
2	짜다(짜다)	소금을 많이 넣어 음식이 짜다.	짜다(짜다)
3	지우개(지우개)	공부할 때 지우개가 필요하다.	지우개(지우개)
4	가짜(가짜)	가짜 장난감 과자는 먹을 수 없다.	가짜(가짜)
5	찌다(찌다)	요새 살이 찌다.	찌다(찌다)
6	어째서(어째서)	어째서 너희는 만나기만 하면 싸우니?	어째서(어째서)
7	조개(조개)	친구와 함께 바닷가에서 조개를 주웠다.	조개(조개)
8	짜내다(짜내다)	젖소에서 우유를 짜내다.	짜내다(짜내다)

정답지

- **〈보기〉의 단어를 소리 내어 읽어 봅시다. 그다음, 각 문장에 알맞은 단어를 〈보기〉에서 찾아 써 봅시다.** (33쪽)
  1. 찌다, 2. 어찌, 3. 째지다, 4. 가짜, 5. 짜내다, 6. 어째서

- **그림을 보고, 단어를 완성해 보세요.** (34쪽)
  1. 찌개, 2. 조개, 3. 지우개

- **빈칸에 알맞은 단어를 골라 적으세요.** (36쪽)
  1. ①, 2. ①, 3. ②, 4. ②, 5. ②

- **빈칸에 알맞은 낱자를 적어 넣어 봅시다.** (37쪽)
  1. 찌개, 2. 째지다, 3. 어째서, 4. 조개, 5. 짜내다, 6. 가짜, 7. 지우개, 8. 찌다

3차시 된소리 자음 ㄲ, 모음 ㅐ: 도깨비

사전평가(40쪽)

번호	단어(발음)	예	단어(발음)
1	내기(내기)	내기에서 져서 벌칙을 받았다.	내기(내기)
2	이해(이해)	책을 읽고 내용을 이해했다.	이해(이해)
3	오해(오해)	친구의 말을 오해하여 친구와 싸웠다.	오해(오해)
4	내리다(내리다)	차에서 내리다.	내리다(내리다)
5	깨지다(깨지다)	꽃병이 떨어져서 깨지다.	깨지다(깨지다)
6	모래(모래)	동생과 놀이터에서 모래 장난을 했다.	모래(모래)
7	도깨비(도깨비)	꿈에서 도깨비가 나왔다.	도깨비(도깨비)
8	새해(새해)	새해 아침이 밝았다.	새해(새해)

사후평가(54쪽)

번호	단어(발음)	예	단어(발음)
1	어깨(어깨)	일을 많이 했더니 어깨뼈가 아프다.	어깨(어깨)
2	꺼내다(꺼내다)	연필을 가방에서 꺼내다.	꺼내다(꺼내다)
3	재래(재래)	추석음식을 사러 재래시장에 갔다.	재래(재래)
4	내리다(내리다)	차에서 내리다.	내리다(내리다)
5	도깨비(도깨비)	꿈에서 도깨비가 나왔다.	도깨비(도깨비)
6	내기(내기)	내기에서 져서 벌칙을 받았다.	내기(내기)
7	새해(새해)	새해 아침이 밝았다.	새해(새해)
8	모래(모래)	동생과 놀이터에서 모래 장난을 했다.	모래(모래)

◆ 〈보기〉의 단어를 소리 내어 읽어 봅시다. 그다음, 각 문장에 알맞은 단어를 〈보기〉에서 찾아 써 봅시다. (48쪽)
1. 내리다, 2. 꺼내다, 3. 내기, 4. 오해, 5. 재래

◆ 그림을 보고, 단어를 완성해 보세요. (49쪽)
1. 어깨, 2. 모래, 3. 도깨비

◆ 빈칸에 알맞은 단어를 골라 적으세요. (51쪽)
1. ①, 2. ①, 3. ②, 4. ②, 5. ①

◆ 빈칸에 알맞은 낱자를 적어 넣어 봅시다. (52쪽)
1. 깨지다, 2. 모래, 3. 꺼내다, 4. 재래, 5. 내리다, 6. 내기, 7. 이해, 8. 오해, 9. 새해, 10. 어깨, 11. 도깨비

4차시 모음 ㅢ: 의사

사전평가(55쪽)

번호	단어(발음)	예	단어(발음)
1	무늬(무니)	나는 줄무늬 옷을 골랐다.	무늬(무니)
2	저희(저히)	저희 선생님은 참 친절하세요.	저희(저히)
3	희미하다(히미하다)	너무 오래 전 일이어서 기억이 희미하다.	희미하다(히미하다)
4	의자(의자)	다리가 아파서 의자에 앉았다.	의자(의자)
5	씌우다(씨우다)	눈사람에 모자를 씌우다.	씌우다(씨우다)
6	의무(의무)	국민에게는 권리와 의무가 있다.	의무(의무)
7	너희(너히)	이번 경기는 너희 팀이 이겼다.	너희(너히)
8	의리(의리)	친구와의 의리를 중요하게 생각하다.	의리(의리)

사후평가(69쪽)

번호	단어(발음)	예	단어(발음)
1	의자(의자)	다리가 아파서 의자에 앉았다.	의자(의자)
2	씌우다(씨우다)	눈사람에 모자를 씌우다.	씌우다(씨우다)
3	의리(의리)	친구와의 의리를 중요하게 생각하다.	의리(의리)
4	의사(의사)	의사 선생님께 진찰을 받았다.	의사(의사)
5	의미(의미)	이 단어의 의미를 모르겠다.	의미(의미)
6	희다(히다)	옷 색깔이 희다.	희다(히다)
7	의무(의무)	국민에게는 권리와 의무가 있다.	의무(의무)
8	너희(너히)	이번 경기는 너희 팀이 이겼다.	너희(너히)

◆ 〈보기〉의 단어를 소리 내어 읽어 봅시다. 그다음, 각 문장에 알맞은 단어를 〈보기〉에서 찾아 써 봅시다. (63쪽)
1. 씌우다, 2. 희미하다, 3. 너희, 4. 저희, 5. 의미, 6. 의리, 7. 의무

◆ 그림을 보고, 단어를 완성해 보세요. (64쪽)
1. 의사, 2. 줄무늬, 3. 의사

◆ 빈칸에 알맞은 단어를 골라 적으세요. (66쪽)
1. ②, 2. ②, 3. ②, 4. ①, 5. ②, 6. ①

◆ 빈칸에 알맞은 낱자를 적어 넣어 봅시다. (67쪽)
1. 너희, 2. 씌우다, 3. 무늬, 4. 희다, 5. 저희, 6. 의리, 7. 희미하다, 8. 의자, 9. 의사

5차시 된소리 자음 ㄸ: 사또

사전평가(70쪽)

번호	단어(발음)	예	단어(발음)
1	허리띠(허리띠)	바지가 흘러내려 허리띠를 했다.	허리띠(허리띠)
2	따개(따개)	음료수를 마시려면 병따개가 필요하다.	따개(따개)
3	따라서(따라서)	나는 늦게 일어났다. 따라서 학교에 지각했다.	따라서(따라서)
4	이따가(이따가)	지금은 안 되고 이따가 놀러 갈게.	이따가(이따가)
5	또다시(또다시)	아침에 일어났다가 또다시 잠이 들었다.	또다시(또다시)
6	띠다(띠다)	얼굴에 미소를 띠다.	띠다(띠다)
7	따다(따다)	사과나무에서 사과를 따다.	따다(따다)
8	따로(따로)	나는 동생과 따로 밥을 먹었다.	따로(따로)

사후평가(83쪽)

번호	단어(발음)	예	단어(발음)
1	사또(사또)	사또는 마을 사람들을 도와주었다.	사또(사또)
2	이따가(이따가)	지금은 안 되고 이따가 놀러 갈게.	이따가(이따가)
3	띠다(띠다)	얼굴에 미소를 띠다.	띠다(띠다)
4	따다(따다)	사과나무에서 사과를 따다.	따다(따다)
5	머리띠(머리띠)	새 머리띠를 선물로 받았다.	머리띠(머리띠)
6	또다시(또다시)	아침에 일어났다가 또다시 잠이 들었다.	또다시(또다시)
7	따로(따로)	나는 동생과 따로 밥을 먹었다.	따로(따로)
8	또래(또래)	놀이터에서 또래 친구들과 놀았다.	또래(또래)

◆ 〈보기〉의 단어를 소리 내어 읽어 봅시다. 그다음, 각 문장에 알맞은 단어를 〈보기〉에서 찾아 써 봅시다. (77쪽)
1. 또래, 2. 이따가, 3. 따다, 4. 띠다, 5. 허리띠, 6. 따로, 7. 또다시, 8. 따라서

◆ 그림을 보고, 단어를 완성해 보세요. (78쪽)
1. 머리띠, 2. 따개, 3. 사또

◆ 빈칸에 알맞은 단어를 골라 적으세요. (80쪽)
1. ②, 2. ①, 3. ②, 4. ①, 5. ①, 6. ①

◆ 빈칸에 알맞은 낱자를 적어 넣어 봅시다. (81쪽)
1. 따로, 2. 또래, 3. 띠, 4. 따라서, 5. 또다시, 6. 따개, 7. 이따가, 8. 머리띠

6차시 모음 ㅔ: 메뚜기

사전평가(84쪽)

번호	단어(발음)	예	단어(발음)
1	메모(메모)	중요한 메모를 남기다.	메모(메모)
2	메우다(메우다)	구덩이를 돌로 메우다.	메우다(메우다)
3	메다(메다)	너무 슬퍼 목이 메다.	메다(메다)
4	지네(지네)	지네는 발이 많다.	지네(지네)
5	누에(누에)	고치를 짓는 것이 누에이다.	누에(누에)
6	네모(네모)	네모 모양의 식빵	네모(네모)
7	그네(그네)	놀이터에서 그네를 탔다.	그네(그네)
8	에너지(에너지)	석유를 대신할 수 있는 에너지 개발이 필요하다.	에너지(에너지)

사후평가(97쪽)

번호	단어(발음)	예	단어(발음)
1	어디에(어디에)	내 동생은 어디에 숨은 걸까?	어디에(어디에)
2	누에(누에)	고치를 짓는 것이 누에이다.	누에(누에)
3	메다(메다)	너무 슬퍼 목이 메다.	메다(메다)
4	그네(그네)	놀이터에서 그네를 탔다.	그네(그네)
5	메뚜기(메뚜기)	형과 메뚜기를 잡았다.	메뚜기(메뚜기)
6	지네(지네)	지네는 발이 많다.	지네(지네)
7	네모(네모)	네모 모양의 식빵	네모(네모)
8	메아리(메아리)	야호 소리가 메아리가 되어 되돌아왔다.	메아리(메아리)

◆ 〈보기〉의 단어를 소리 내어 읽어 봅시다. 그다음, 각 문장에 알맞은 단어를 〈보기〉에서 찾아 써 봅시다. (91쪽)
1. 지네, 2. 어디에, 3. 메다, 4. 에너지, 5. 메우다, 6. 메아리

◆ 그림을 보고, 단어를 완성해 보세요. (92쪽)
1. 그네, 2. 메모, 3. 누에, 4. 메뚜기

◆ 빈칸에 알맞은 단어를 골라 적으세요. (94쪽)
1. ①, 2. ②, 3. ①, 4. ②, 5. ②, 6. ①

◆ 빈칸에 알맞은 낱자를 적어 넣어 봅시다. (95쪽)
1. 어디에, 2. 메다, 3. 메우다, 4. 메모, 5. 지네, 6. 누에, 7. 메뚜기

7차시 모음 ㅔ: 데이지

사전평가(98쪽)

번호	단어(발음)	예	단어(발음)
1	헤어지다(헤어지다)	사소한 오해로 친구와 헤어지다.	헤어지다(헤어지다)
2	카페(카페)	카페에서 커피를 마시다.	카페(카페)
3	헤어(헤어)	내 꿈은 헤어 디자이너가 되는 것이다.	헤어(헤어)
4	데치다(데치다)	시금치를 끓는 물에 데치다.	데치다(데치다)
5	오페라(오페라)	멋진 노래를 들을 수 있는 오페라 공연을 좋아한다.	오페라(오페라)
6	데우다(데우다)	대추차를 따뜻하게 데우다.	데우다(데우다)
7	페이지(페이지)	책의 페이지를 넘기다.	페이지(페이지)
8	데이터(데이터)	데이터 전송 속도가 빠르다.	데이터(데이터)

사후평가(111쪽)

번호	단어(발음)	예	단어(발음)
1	데치다(데치다)	시금치를 끓는 물에 데치다.	데치다(데치다)
2	데이터(데이터)	데이터 전송 속도가 빠르다.	데이터(데이터)
3	헤매다(헤매다)	친구 집을 못 찾아서 길을 헤매다.	헤매다(헤매다)
4	페이지(페이지)	책의 페이지를 넘기다.	페이지(페이지)
5	데우다(데우다)	대추차를 따뜻하게 데우다.	데우다(데우다)
6	데이지(데이지)	내가 제일 좋아하는 꽃은 데이지다.	데이지(데이지)
7	헤치다(헤치다)	안에 무엇이 있는지 보려고 보자기를 헤치다.	헤치다(헤치다)
8	오페라(오페라)	멋진 노래를 들을 수 있는 오페라 공연을 좋아한다.	오페라(오페라)

정답지

◆ 〈보기〉의 단어를 소리 내어 읽어 봅시다. 그다음, 각 문장에 알맞은 단어를 〈보기〉에서 찾아 써 봅시다. (105쪽)
1. 데치다, 2. 데이터, 3. 페이지, 4. 헤매다, 5. 데우다, 6. 오페라

◆ 그림을 보고, 단어를 완성해 보세요. (106쪽)
1. 헤어, 2. 오페라, 3. 데이지

◆ 빈칸에 알맞은 단어를 골라 적으세요. (108쪽)
1. ①, 2. ①, 3. ①, 4. ②, 5. ①, 6. ②, 7. ①

◆ 빈칸에 알맞은 낱자를 적어 넣어 봅시다. (109쪽)
1. 데치다, 2. 오페라, 3. 헤어지다, 4. 데우다, 5. 페이지, 6. 헤어, 7. 카페, 8. 데이지

8차시 된소리 자음 ㅃ, 모음 ㅔ: 아빠께

사전평가(112쪽)

번호	단어(발음)	예	단어(발음)
1	빠르다(빠르다)	거북이는 느리고, 토끼는 빠르다.	빠르다(빠르다)
2	까치(까치)	까치가 울면 반가운 손님이 오신다.	까치(까치)
3	그러니까(그러니까)	그러니까 내 말대로 하라는 거야.	그러니까(그러니까)
4	떼(떼)	개미떼가 줄지어 움직이다.	떼(떼)
5	두께(두께)	책 두께가 얇다.	두께(두께)
6	어저께(어저께)	어저께 공원에 놀러 갔었다.	어저께(어저께)
7	아빠께(아빠께)	아빠께 장난감을 사 달라고 떼쓰다.	아빠께(아빠께)
8	오빠(오빠)	우리 오빠는 중학생이다.	오빠(오빠)

사후평가(127쪽)

번호	단어(발음)	예	단어(발음)
1	오빠(오빠)	우리 오빠는 중학생이다.	오빠(오빠)
2	떼쓰다(떼쓰다)	장난감을 사 달라고 떼쓰다.	떼쓰다(떼쓰다)
3	떼(떼)	개미떼가 줄지어 움직이다.	떼(떼)
4	아빠께(아빠께)	아빠께 장난감을 사 달라고 떼쓰다.	아빠께(아빠께)
5	떼다(떼다)	아기가 첫걸음을 떼다.	떼다(떼다)
6	어저께(어저께)	어저께 공원에 놀러 갔었다.	어저께(어저께)
7	두께(두께)	책 두께가 얇다.	두께(두께)
8	개떼(개떼)	사람들이 개떼같이 몰렸다.	개떼(개떼)

정답지

◆ 〈보기〉의 단어를 소리 내어 읽어 봅시다. 그다음, 각 문장에 알맞은 단어를 〈보기〉에서 찾아 써 봅시다. (121쪽)

1. 두께, 2. 빠르다, 3. 개떼, 4. 아빠께, 떼쓰다, 5. 떼다

◆ 그림을 보고, 단어를 완성해 보세요. (122쪽)

1. 오빠, 2. 까치, 3. 개미떼

◆ 빈칸에 알맞은 단어를 골라 적으세요. (124쪽)

1. ①, 2. ②, 3. ①, 4. ①, 5. ②

◆ 빈칸에 알맞은 낱자를 적어 넣어 봅시다. (125쪽)

1. 떼다, 2. 개떼, 3. 두께, 4. 떼쓰다, 5. 그러니까, 6. 빠르다, 7. 떼, 8. 어저께, 9. 아빠께, 10. 오빠, 11. 까치

9차시 된소리 자음 ㅆ, 모음 ㅔ: 쓰레기

사전평가(128쪽)

번호	단어(발음)	예	단어(발음)
1	게으르다(게으르다)	동생은 부지런하고 형은 게으르다.	게으르다(게으르다)
2	무게(무게)	몸무게를 줄이기 위해 운동을 했다.	무게(무게)
3	세게(세게)	바람까지 세게 불었다.	세게(세게)
4	드레스(드레스)	드레스를 입고 파티에 참석했다.	드레스(드레스)
5	레코드(레코드)	레는 둥근 레코드	레코드(레코드)
6	아저씨(아저씨)	모르는 아저씨를 따라가면 안 된다.	아저씨(아저씨)
7	보리씨(보리씨)	농부가 보리씨를 뿌렸다.	보리씨(보리씨)
8	지게(지게)	농부는 지게를 지고 산으로 갔다.	지게(지게)

사후평가(143쪽)

번호	단어(발음)	예	단어(발음)
1	지게(지게)	농부는 지게를 지고 산으로 갔다.	지게(지게)
2	쓰디쓰다(쓰디쓰다)	약 맛이 쓰디쓰다.	쓰디쓰다(쓰디쓰다)
3	보리씨(보리씨)	농부가 보리씨를 뿌렸다.	보리씨(보리씨)
4	레코드(레코드)	레는 둥근 레코드	레코드(레코드)
5	모레(모레)	내일 모레는 소풍 가는 날이다.	모레(모레)
6	아저씨(아저씨)	모르는 아저씨를 따라가면 안 된다.	아저씨(아저씨)
7	드레스(드레스)	드레스를 입고 파티에 참석했다.	드레스(드레스)
8	쓰다(쓰다)	모자를 쓰다.	쓰다(쓰다)

정답지

◆ 〈보기〉의 단어를 소리 내어 읽어 봅시다. 그다음, 각 문장에 알맞은 단어를 〈보기〉에서 찾아 써 봅시다. (137쪽)
1. 쓰디쓰다, 2. 쓰다, 3. 보리씨, 4. 레코드, 5. 세게, 6. 게으르다, 7. 무게

◆ 그림을 보고, 단어를 완성해 보세요. (138쪽)
1. 드레스, 2. 지게, 3. 아저씨

◆ 빈칸에 알맞은 단어를 골라 적으세요. (140쪽)
1. ②, 2. ②, 3. ①, 4. ①, 5. ①

◆ 빈칸에 알맞은 낱자를 적어 넣어 봅시다. (141쪽)
1. 쓰디쓰다, 2. 쓰다, 3. 모레, 4. 드레스, 5. 아저씨, 6. 세게, 7. 지게, 8. 무게

10차시 모음 ㅛ: 교사

사전평가(144쪽)

번호	단어(발음)	예	단어(발음)
1	자료(자료)	학교 숙제를 하기 위해 자료를 찾아보았다.	자료(자료)
2	재료(재료)	미술 시간에 필요한 재료를 샀다.	재료(재료)
3	조미료(조미료)	조미료는 우리 몸에 좋지 않다.	조미료(조미료)
4	교재(교재)	요즘에는 좋은 학습 교재가 많다.	교재(교재)
5	개교(개교)	오늘은 개교기념일이라 학교에 안 간다.	개교(개교)
6	무료(무료)	친구에게 무료 음료 쿠폰을 받았다.	무료(무료)
7	치료(치료)	아파서 치료를 받다.	치료(치료)
8	의료(의료)	아프리카에 가서 의료 봉사를 했다.	의료(의료)

사후평가(158쪽)

번호	단어(발음)	예	단어(발음)
1	교재(교재)	요즘에는 좋은 학습 교재가 많다.	교재(교재)
2	교사(교사)	훌륭한 교사가 되는 것이 내 꿈이다.	교사(교사)
3	치료(치료)	충치를 치료하러 치과에 가야 한다.	치료(치료)
4	요리(요리)	학교에서 요리대회가 열렸다.	요리(요리)
5	무료(무료)	친구에게 무료 음료 쿠폰을 받았다.	무료(무료)
6	개교(개교)	오늘은 개교기념일이라 학교에 안 간다.	개교(개교)
7	요가(요가)	나는 운동으로 요가를 배우고 있다.	요가(요가)
8	의료(의료)	아프리카에 가서 의료 봉사를 했다.	의료(의료)

정답지

- 〈보기〉의 단어를 소리 내어 읽어 봅시다. 그다음, 각 문장에 알맞은 단어를 〈보기〉에서 찾아 써 봅시다. (152쪽)
  1. 재료, 2. 치료, 3. 개교, 4. 교재, 5. 의료, 6. 무료

- 그림을 보고, 단어를 완성해 보세요. (153쪽)
  1. 요가, 2. 조미료, 3. 교재

- 빈칸에 알맞은 단어를 골라 적으세요. (155쪽)
  1. ①, 2. ①, 3. ②, 4. ①, 5. ②, 6. ①

- 빈칸에 알맞은 낱자를 적어 넣어 봅시다. (156쪽)
  1. 요리, 2. 재료, 3. 교재, 4. 개교, 5. 무료, 6. 조미료, 7. 의료, 8. 치료, 9. 교사

11차시 된소리 자음 ㅃ, 모음 ㅕ: 뼈마디

사전평가(159쪽)

번호	단어(발음)	예	단어(발음)
1	뼈마디(뼈마디)	뼈마디가 저리다.	뼈마디(뼈마디)
2	뼈대(뼈대)	나는 뼈대가 굵고 키가 크다.	뼈대(뼈대)
3	뿌려지다(뿌려지다)	시원한 물줄기가 시원하게 뿌려지다.	뿌려지다(뿌려지다)
4	며느리(며느리)	며느리가 시어머니를 정성껏 모시다.	며느리(며느리)
5	꾸며대다(꾸며대다)	거짓말을 꾸며대다.	꾸며대다(꾸며대다)
6	지키며(지키며)	군인들은 나라를 지키며 애를 쓰신다.	지키며(지키며)
7	다리뼈(다리뼈)	다리뼈를 다쳐서 병원에 갔다.	다리뼈(다리뼈)
8	어깨뼈(어깨뼈)	일을 많이 했더니 어깨뼈가 아프다.	어깨뼈(어깨뼈)

사후평가(173쪽)

번호	단어(발음)	예	단어(발음)
1	바삐(바삐)	늦지 않으려고 바삐 서둘렀다.	바삐(바삐)
2	삐다(삐다)	달리기를 하다가 발을 삐다.	삐다(삐다)
3	삐치다(삐치다)	별것 아닌 일에 삐치다.	삐치다(삐치다)
4	며느리(며느리)	며느리가 시어머니를 정성껏 모시다.	며느리(며느리)
5	꾸며대다(꾸며대다)	거짓말을 꾸며대다.	꾸며대다(꾸며대다)
6	지키며(지키며)	군인들은 나라를 지키며 애를 쓰신다.	지키며(지키며)
7	다리뼈(다리뼈)	다리뼈를 다쳐서 병원에 갔다.	다리뼈(다리뼈)
8	어깨뼈(어깨뼈)	일을 많이 했더니 어깨뼈가 아프다.	어깨뼈(어깨뼈)

정답지

- 〈보기〉의 단어를 소리 내어 읽어 봅시다. 그다음, 각 문장에 알맞은 단어를 〈보기〉에서 찾아 써 봅시다. (167쪽)
  1. 삐치다, 2. 바삐, 3. 삐다, 4. 지키며, 5. 뼈대

- 그림을 보고, 단어를 완성해 보세요. (168쪽)
  1. 며느리, 2. 다리뼈, 3. 뼈대

- 빈칸에 알맞은 단어를 골라 적으세요. (170쪽)
  1. ①, 2. ①, 3. ②, 4. ①, 5. ①

- 빈칸에 알맞은 낱자를 적어 넣어 봅시다. (171쪽)
  1. 삐다, 2. 뼈마디, 3. 꾸며대다, 4. 뿌려지다, 5. 며느리, 6. 지키며, 7. 바삐, 8. 뼈대

12차시 모음 ㅛ, ㅘ: 효과

사전평가(174쪽)

번호	단어(발음)	예	단어(발음)
1	효자(효자)	그는 부모님을 잘 모시는 효자이다.	효자(효자)
2	효녀(효녀)	심청이는 아버지를 잘 모시는 효녀이다.	효녀(효녀)
3	무효(무효)	귀중한 한 표가 무효가 되지 않도록 주의하였다.	무효(무효)
4	과거(과거)	나는 과거에 뚱뚱했던 적이 있다.	과거(과거)
5	사과(사과)	아침에 사과를 먹었다.	사과(사과)
6	과자(과자)	과자를 많이 먹는 것은 몸에 좋지 않다.	과자(과자)
7	좌우(좌우)	물결에 배가 좌우로 흔들렸다.	좌우(좌우)
8	좌표(좌표)	보물섬은 적힌 좌표 위에 있지 않았다.	좌표(좌표)

사후평가(190쪽)

번호	단어(발음)	예	단어(발음)
1	과거(과거)	나는 과거에 뚱뚱했던 적이 있다.	과거(과거)
2	좌우(좌우)	물결에 배가 좌우로 흔들렸다.	좌우(좌우)
3	과자(과자)	과자를 많이 먹는 것은 몸에 좋지 않다.	과자(과자)
4	화재(화재)	겨울에는 화재가 더 많이 난다.	화재(화재)
5	사과(사과)	아침에 사과를 먹었다.	사과(사과)
6	화채(화채)	더운 여름에 시원한 화채를 먹었다.	화채(화채)
7	좌표(좌표)	보물섬은 적힌 좌표 위에 있지 않았다.	좌표(좌표)
8	화해(화해)	친구와 싸운 뒤 화해했다.	화해(화해)

정답지

◆ 〈보기〉의 단어를 소리 내어 읽어 봅시다. 그다음, 각 문장에 알맞은 단어를 〈보기〉에서 찾아 써 봅시다. (184쪽)
1. 화해, 2. 효녀, 3. 무효, 4. 좌우, 5. 좌표 6. 과거, 7. 효자

◆ 그림을 보고, 단어를 완성해 보세요. (185쪽)
1. 화채, 2. 사과, 3. 좌표

◆ 빈칸에 알맞은 단어를 골라 적으세요. (187쪽)
1. ①, 2. ①, 3. ②, 4. ①, 5. ②, 6. ①

◆ 빈칸에 알맞은 낱자를 적어 넣어 봅시다. (188쪽)
1. 효녀, 2. 화해, 3. 무효, 4. 화재, 5. 과거, 6. 좌표, 7. 좌우, 8. 효자

13차시 모음 ㅞ: 스웨터

사전평가(191쪽)

번호	단어(발음)	예	단어(발음)
1	웨하스(웨하스)	나는 웨하스 과자를 좋아한다.	웨하스(웨하스)
2	스웨터(스웨터)	추워서 스웨터를 입었다.	스웨터(스웨터)
3	하드웨어(하드웨어)	컴퓨터 하드웨어를 새로 구입하다.	하드웨어(하드웨어)
4	소프트웨어(소프트웨어)	소프트웨어를 복제하여 사용하면 안 된다.	소프트웨어(소프트웨어)
5	궤도(궤도)	인공위성은 궤도를 따라 지구 위를 돈다.	궤도(궤도)
6	꿰다(꿰다)	반지를 만들기 위해 구슬을 꿰다.	꿰다(꿰다)
7	꿰매다(꿰매다)	찢어진 옷을 꿰매다.	꿰매다(꿰매다)
8	웨하스(웨하스)	나는 웨하스 과자를 먹는다.	웨하스(웨하스)

사후평가(203쪽)

번호	단어(발음)	예	단어(발음)
1	궤도(궤도)	인공위성은 궤도를 따라 지구 위를 돈다.	궤도(궤도)
2	소프트웨어(소프트웨어)	소프트웨어를 복제하여 사용하면 안 된다.	소프트웨어(소프트웨어)
3	꿰다(꿰다)	반지를 만들기 위해 구슬을 꿰다.	꿰다(꿰다)
4	하드웨어(하드웨어)	컴퓨터 하드웨어를 새로 구입하다.	하드웨어(하드웨어)
5	꿰매다(꿰매다)	찢어진 옷을 꿰매다.	꿰매다(꿰매다)
6	웨하스(웨하스)	나는 웨하스 과자를 좋아한다.	웨하스(웨하스)
7	하드웨어(하드웨어)	컴퓨터 하드웨어가 고장나다.	하드웨어(하드웨어)
8	스웨터(스웨터)	추워서 스웨터를 입었다.	스웨터(스웨터)

정답지

- **〈보기〉의 단어를 소리 내어 읽어 봅시다. 그다음, 각 문장에 알맞은 단어를 〈보기〉에서 찾아 써 봅시다.** (197쪽)
  1. 웨하스, 2. 궤도, 3. 꿰다, 4. 꿰매다, 5. 스웨터 6. 하드웨어, 7. 소프트웨어

- **그림을 보고, 단어를 완성해 보세요.** (198쪽)
  1. 웨하스, 2. 스웨터, 3. 궤도

- **빈칸에 알맞은 단어를 골라 적으세요.** (200쪽)
  1. ②, 2. ②, 3. ①, 4. ①, 5. ②

- **빈칸에 알맞은 낱자를 적어 넣어 봅시다.** (201쪽)
  1. 꿰다, 2. 웨하스, 3. 하드웨어, 4. 소프트웨어, 5. 꿰매다, 6. 궤도, 7. 스웨터

14차시 모음 ㅠ: 휴가

사전평가(204쪽)

번호	단어(발음)	예	단어(발음)
1	휴지(휴지)	휴지는 꼭 쓰레기통에 버려야 한다.	휴지(휴지)
2	자유(자유)	나는 내 마음대로 갈 수 있는 자유가 있다.	자유(자유)
3	휴대(휴대)	휴대 전화를 샀다.	휴대(휴대)
4	서류(서류)	그는 볼펜을 들고 서류를 작성했다.	서류(서류)
5	의류(의류)	2층에는 여성 의류 매장이 있다.	의류(의류)
6	휴가(휴가)	아빠 휴가 때, 바닷가에 놀러 갔다.	휴가(휴가)
7	규모(규모)	우리 동네에서 가장 큰 규모의 음식점이다.	규모(규모)
8	규제(규제)	환경보호를 위해 비닐 봉투 사용이 규제되었다.	규제(규제)

사후평가(219쪽)

번호	단어(발음)	예	단어(발음)
1	주유소(주유소)	주유소에 들려서 기름을 넣었다.	주유소(주유소)
2	자유(자유)	나는 내 마음대로 갈 수 있는 자유가 있다	자유(자유)
3	여유(여유)	마음을 놓고 여유 있게 지내다.	여유(여유)
4	서류(서류)	그는 볼펜을 들고 서류를 작성했다.	서류(서류)
5	의류(의류)	2층에는 여성 의류 매장이 있다.	의류(의류)
6	교류(교류)	남북한 교류가 확대되었다.	교류(교류)
7	규모(규모)	우리 동네에서 가장 큰 규모의 음식점이다.	규모(규모)
8	규제(규제)	환경보호를 위해 비닐 봉투 사용이 규제되었다.	규제(규제)

정답지

◆ **〈보기〉의 단어를 소리 내어 읽어 봅시다. 그다음, 각 문장에 알맞은 단어를 〈보기〉에서 찾아 써 봅시다.** (213쪽)

1. 휴가, 2. 자유, 3. 규제, 4. 규모, 5. 서류, 6. 교류

◆ **그림을 보고, 단어를 완성해 보세요.** (214쪽)

1. 주유소, 2. 휴지, 3. 두유, 4. 서류, 5. 의류

◆ **빈칸에 알맞은 단어를 골라 적으세요.** (216쪽)

1. ①, 2. ①, 3. ①, 4. ①, 5. ①

◆ **빈칸에 알맞은 낱자를 적어 넣어 봅시다.** (217쪽)

1. 자유, 2. 여유, 3. 교류, 4. 규모, 5. 휴대, 6. 서류, 7. 의류, 8. 규제

15차시 모음 ㅑ, ㅝ: 샤워

사전평가(220쪽)

번호	단어(발음)	예	단어(발음)
1	에워싸다(에워싸다)	사람들이 뱅 에워싸다.	에워싸다(에워싸다)
2	뭐하니(뭐하니)	여우야, 여우야, 뭐하니?	뭐하니(뭐하니)
3	야수(야수)	미녀와 야수는 유명한 책이다.	야수(야수)
4	뭐라고(뭐라고)	뭐라고 말해야 할까?	뭐라고(뭐라고)
5	샤워(샤워)	시원하게 샤워를 했다.	샤워(샤워)
6	샤프(샤프)	글씨를 쓸 때는 샤프를 사용한다.	샤프(샤프)
7	타워(타워)	남산 타워에 갔다.	타워(타워)
8	데워지다(데워지다)	우유가 따뜻하게 데워지다.	데워지다(데워지다)

사후평가(235쪽)

번호	단어(발음)	예	단어(발음)
1	그래야(그래야)	말을 해. 그래야 원하는 게 뭔지 알지.	그래야(그래야)
2	데워지다(데워지다)	우유가 따뜻하게 데워지다.	데워지다(데워지다)
3	샤프(샤프)	글씨를 쓸 때는 샤프를 사용한다.	샤프(샤프)
4	야구(야구)	친구들과 방과 후에 야구를 하기로 했다.	야구(야구)
5	야채(야채)	배추는 야채이다.	야채(야채)
6	타워(타워)	남산 타워에 갔다.	타워(타워)
7	야수(야수)	미녀와 야수는 유명한 책이다.	야수(야수)
8	샤워(샤워)	시원하게 샤워를 했다.	샤워(샤워)

정답지

- 〈보기〉의 단어를 소리 내어 읽어 봅시다. 그다음, 각 문장에 알맞은 단어를 〈보기〉에서 찾아 써 봅시다. (229쪽)
  1. 데워지다, 2. 타워, 3. 야수, 4. 에워싸다, 5. 그래야, 6. 샤워, 7. 뭐하니

- 그림을 보고, 단어를 완성해 보세요. (230쪽)
  1. 야구, 2. 샤프, 3. 타워, 4. 샤워

- 빈칸에 알맞은 단어를 골라 적으세요. (232쪽)
  1. ①, 2. ②, 3. ③, 4. ③, 5. ③

- 빈칸에 알맞은 낱자를 적어 넣어 봅시다. (233쪽)
  1. 그래야, 2. 샤프, 3. 데워지다, 4. 에워싸다, 5. 뭐하니, 6. 야수, 7. 타워, 8. 뭐라고, 9. 샤워

16차시 모음 ㅖ, ㅚ: 예외

사전평가(236쪽)

번호	단어(발음)	예	단어(발음)
1	예외(예외)	자연의 법칙에는 예외가 없다.	예외(예외)
2	야외(야외)	날이 좋아서 야외에서 바비큐 파티를 하였다.	야외(야외)
3	예의(예의)	그 아이는 예의가 바르다.	예의(예의)
4	괴수(괴수)	그리스 신화에는 괴수가 많이 나온다.	괴수(괴수)
5	교회(교회)	나는 일요일마다 교회에 간다.	교회(교회)
6	노예(노예)	옛날에 노예제도가 폐지되었다.	노예(노예)
7	최대(최대)	그 차는 최대 속도로 질주하였다.	최대(최대)
8	최고(최고)	이 음식점은 최고의 맛을 자랑한다.	최고(최고)

사후평가(252쪽)

번호	단어(발음)	예	단어(발음)
1	외투(외투)	겨울에는 두꺼운 외투를 입어야 한다.	외투(외투)
2	야외(야외)	날이 좋아서 야외에서 바비큐 파티를 하였다.	야외(야외)
3	괴짜(괴짜)	그는 괴상한 행동만 하는 괴짜이다.	괴짜(괴짜)
4	괴수(괴수)	그리스 신화에는 괴수가 많이 나온다.	괴수(괴수)
5	교회(교회)	나는 일요일마다 교회에 간다.	교회(교회)
6	후회(후회)	거짓말을 한 것이 후회된다.	후회(후회)
7	최대(최대)	그 차는 최대 속도로 질주하였다.	최대(최대)
8	최고(최고)	이 음식점은 최고의 맛을 자랑한다.	최고(최고)

정답지

- 〈보기〉의 단어를 소리 내어 읽어 봅시다. 그다음, 각 문장에 알맞은 단어를 〈보기〉에서 찾아 써 봅시다. (246쪽)

  1. 외투, 2. 예의, 3. 예외, 4. 최대, 5. 괴짜, 6. 야외, 7. 노예

- 그림을 보고, 단어를 완성해 보세요. (247쪽)

  1. 외투, 2. 교회, 3. 야수

- 빈칸에 알맞은 단어를 골라 적으세요. (249쪽)

  1. ②, 2. ①, 3. ③, 4. ②, 5. ②

- 빈칸에 알맞은 낱자를 적어 넣어 봅시다. (250쪽)

  1. 괴짜, 2. 예의, 3. 예외, 4. 야외, 5. 외투, 6. 괴수, 7. 최고

17차시 모음 ㅖ, ㅙ: 폐쇄

사전평가(253쪽)

번호	단어(발음)	예	단어(발음)
1	폐수(폐수)	공장 폐수가 바다로 흘러갔다.	폐수(폐수)
2	돼지(돼지)	돼지는 뚱뚱하다.	돼지(돼지)
3	화폐(화폐)	화폐 박물관에는 여러 나라의 화폐가 전시되어 있다.	화폐(화폐)
4	폐가(폐가)	그 마을에는 아무도 살지 않는 폐가가 많다.	폐가(폐가)
5	폐쇄(폐쇄)	출입구를 폐쇄했다.	폐쇄(폐쇄)
6	폐지하다(폐지하다)	신분제도를 폐지하다.	폐지하다(폐지하다)
7	쇄도(쇄도)	축구 경기를 할 때는 치킨 집에 주문이 쇄도한다.	쇄도(쇄도)
8	왜구(왜구)	이순신 장군은 온 힘을 다해 왜구를 물리쳤다.	왜구(왜구)

사후평가(268쪽)

번호	단어(발음)	예	단어(발음)
1	폐수(폐수)	공장 폐수가 바다로 흘러갔다.	폐수(폐수)
2	지폐(지폐)	나라마다 지폐의 생김새가 다르다.	지폐(지폐)
3	왜소하다(왜소하다)	우리 오빠는 몸이 왜소하다.	왜소하다(왜소하다)
4	폐가(폐가)	그 마을에는 아무도 살지 않는 폐가가 많다.	폐가(폐가)
5	폐쇄(폐쇄)	출입구를 폐쇄했다.	폐쇄(폐쇄)
6	왜가리(왜가리)	왜가리는 백로를 닮은 새이다.	왜가리(왜가리)
7	쇄도(쇄도)	축구 경기를 할 때는 치킨 집에 주문이 쇄도한다.	쇄도(쇄도)
8	돼지(돼지)	돼지는 뚱뚱하다.	돼지(돼지)

정답지

◆ 〈보기〉의 단어를 소리 내어 읽어 봅시다. 그다음, 각 문장에 알맞은 단어를 〈보기〉에서 찾아 써 봅시다. (262쪽)
1. 폐쇄, 2. 폐수, 3. 돼지, 4. 왜가리, 5. 폐가, 6. 폐지, 7. 화폐

◆ 그림을 보고, 단어를 완성해 보세요. (263쪽)
1. 왜가리, 2. 지폐, 3. 폐수, 4. 폐지

◆ 빈칸에 알맞은 단어를 골라 적으세요. (265쪽)
1. ②, 2. ②, 3. ①, 4. ①, 5. ③

◆ 빈칸에 알맞은 낱자를 적어 넣어 봅시다. (266쪽)
1. 폐쇄, 2. 지폐, 3. 쇄도, 4. 왜소, 5. 폐수, 6. 폐가, 7. 화폐

18차시 된소리 자음 ㄲ, 모음 ㅟ: 까마귀

사전평가(269쪽)

번호	단어(발음)	예	단어(발음)
1	바뀌다(바뀌다)	선생님의 헤어스타일이 바뀌다.	바뀌다(바뀌다)
2	위기(위기)	경제 위기를 극복하다.	위기(위기)
3	지저귀다(지저귀다)	나무 위의 새가 지저귀다.	지저귀다(지저귀다)
4	거위(거위)	거위가 알을 낳았다.	거위(거위)
5	스위치(스위치)	스위치를 눌러 불을 껐다.	스위치(스위치)
6	까마귀(까마귀)	까마귀가 저 멀리서 날아왔다.	까마귀(까마귀)
7	귀하게(귀하게)	그는 매우 귀하게 자랐다.	귀하게(귀하게)
8	뀌다(뀌다)	참지 못하고 방귀를 뀌다.	뀌다(뀌다)

사후평가(283쪽)

번호	단어(발음)	예	단어(발음)
1	거위(거위)	거위가 알을 낳았다.	거위(거위)
2	추위(추위)	나는 추위를 잘 탄다.	추위(추위)
3	귀하게(귀하게)	그는 매우 귀하게 자랐다.	귀하게(귀하게)
4	위기(위기)	경제 위기를 극복하다.	위기(위기)
5	위로(위로)	울고 있는 친구를 위로했다.	위로(위로)
6	스위치(스위치)	스위치를 눌러 불을 껐다.	스위치(스위치)
7	지저귀다(지저귀다)	나무 위의 새가 지저귀다.	지저귀다(지저귀다)
8	까마귀(까마귀)	까마귀가 저 멀리서 날아왔다.	까마귀(까마귀)

정답지

◆ 〈보기〉의 단어를 소리 내어 읽어 봅시다. 그다음, 각 문장에 알맞은 단어를 〈보기〉에서 찾아 써 봅시다. (277쪽)

1. 스위치, 2. 위로, 3. 추위, 4. 지저귀다, 5. 바뀌다, 6. 위기

◆ 그림을 보고, 단어를 완성해 보세요. (278쪽)

1. 까마귀, 2. 거위

◆ 빈칸에 알맞은 단어를 골라 적으세요. (280쪽)

1. ②, 2. ②, 3. ①, 4. ②, 5. ③

◆ 빈칸에 알맞은 낱자를 적어 넣어 봅시다. (281쪽)

1. 뀌다, 2. 위기, 3. 지저귀다, 4. 바뀌다, 5. 추위, 6. 스위치, 7. 귀하게, 8. 까마귀, 9. 위로

19차시 모음 ㅔ, ㅒ: 제비, 얘기

사전평가(284쪽)

번호	단어(발음)	예	단어(발음)
1	얘기(얘기)	친구와 많은 얘기를 나눴다.	얘기(얘기)
2	하얘지다(하얘지다)	할아버지 머리가 하얘지다.	하얘지다(하얘지다)
3	얘기하다(얘기하다)	친구와 밤새도록 얘기하다.	얘기하다(얘기하다)
4	제비(제비)	지붕 밑에 제비가 둥지를 틀었다.	제비(제비)
5	수제비(수제비)	점심으로 수제비를 해 먹었다.	수제비(수제비)
6	제사(제사)	어제 할아버지 제사를 지냈다.	제사(제사)
7	제조(제조)	우리 삼촌은 자동차 제조 공장에 다닌다.	제조(제조)
8	제트(제트)	알파벳 제트를 쓸 수 있다.	제트(제트)

사후평가(296쪽)

번호	단어(발음)	예	단어(발음)
1	제자리(제자리)	사용한 물건을 제자리에 갖다 놓다.	제자리(제자리)
2	하얘지다(하얘지다)	할아버지 머리가 하얘지다.	하얘지다(하얘지다)
3	세재(세재)	무공해 세탁 세재를 구입하였다.	세재(세재)
4	얘기(얘기)	할머니가 옛날 얘기를 들려주셨다.	얘기(얘기)
5	수제비(수제비)	점심으로 수제비를 해 먹었다.	수제비(수제비)
6	제사(제사)	어제 할아버지 제사를 지냈다.	제사(제사)
7	제조(제조)	우리 삼촌은 자동차 제조 공장에 다닌다.	제조(제조)
8	제트(제트)	알파벳 제트를 쓸 수 있다.	제트(제트)

정답지

- 〈보기〉의 단어를 소리 내어 읽어 봅시다. 그다음, 각 문장에 알맞은 단어를 〈보기〉에서 찾아 써 봅시다. (290쪽)
  1. 얘기, 2. 수제비, 3. 하얘지다, 4. 제조, 5. 제자리

- 그림을 보고, 단어를 완성해 보세요. (291쪽)
  1. 제비, 2. 세제, 3. 제사, 4. 제트

- 빈칸에 알맞은 단어를 골라 적으세요. (293쪽)
  1. ②, 2. ①, 3. ③, 4. ①, 5. ③

- 빈칸에 알맞은 낱자를 적어 넣어 봅시다. (294쪽)
  1. 얘기, 2. 제사, 3. 수제비, 4. 제자리, 5. 세제, 6. 이제야, 7. 하얘지다

저자 소개

김애화 (Kim, Aehwa)

aehwa@dankook.ac.kr

현재 단국대학교 특수교육과 교수로 재직 중이다. 단국대학교 특수교육과를 졸업하고, 미국 텍사스 주립대학교(University of Texas at Austin)에서 학습장애 전공으로 석사 및 박사 학위를 받았다. 텍사스 읽기 및 쓰기 연구소(Texas Center for Reading and Language Arts Center)에서 전임연구원(Research Associate)으로 일하였으며, SSCI 저널인 *Journal of Learning Disabilities*의 assistant editor를 역임하였고, 현재 *Journal of Learning Disabilities*의 consulting editor로 활동 중이다.

김의정 (Kim, Uijung)

uijungkim@kornu.ac.kr

현재 나사렛대학교 특수교육과 교수로 재직 중이다. 부산대학교 중어중문과를 졸업하고, 미국 텍사스 주립대학교(University of Texas at Austin)에서 특수 일반 및 자폐성 장애 전공으로 석사 및 박사 학위를 받았다. 텍사스 읽기 및 쓰기 연구소(Texas Center for Reading and Language Arts Center)에서 전임연구원(Research Associate)으로 일하였으며, 캘리포니아 주립대학교(California State University, Los Angeles) 특수교육과 조교수로 재직하였다.

학령기 아동을 위한 단어인지 및 철자 프로그램 2
받침 없는 단어
- 된소리 자음과 모음 -
Word Identification and Spelling Program for School-aged Children

2018년 1월 30일 1판 1쇄 발행
2023년 8월 10일 1판 3쇄 발행

지은이 • 김애화 · 김의정
펴낸이 • 김 진 환
펴낸곳 • (주) 학지사
04031 서울특별시 마포구 양화로 15길 20 마인드월드빌딩 5층
대표전화 • 02) 330-5114　　팩스 • 02) 324-2345
등록번호 • 제313-2006-000265호
홈페이지 • http://www.hakjisa.co.kr
페이스북 • https://www.facebook.com/hakjisabook

ISBN 978-89-997-1462-7 94370
978-89-997-1460-3 (set)

정가 18,000원